문지스펙트럼

문화 마당
―――――
4-007

디지털이 세상을 바꾼다

백욱인

문학과지성사

문화 마당 기획위원

오생근 / 정과리 / 성기완

문지스펙트럼 4-007

디지털이 세상을 바꾼다

지은이 / 백욱인
펴낸이 / 채호기
펴낸곳 / (주)문학과지성사

등록 / 1993년 12월 16일 등록 제 10-918호
주소 / 서울 마포구 서교동 395-2(121-840)
전화 / 편집부 338)7224~5 팩스 / 323)4180
영업부 338)7222~3 팩스 / 338)7221
홈페이지 / www.moonji.com

제1판 제1쇄 / 1998년 8월 28일
제1판 제4쇄 / 2005년 1월 10일

ISBN 89-320-1019-6
ISBN 89-320-0851-5(세트)

ⓒ 백욱인, 1998

지은이와 협의하여 인지를 생략합니다.
이 책의 판권은 지은이와 (주)문학과지성사에 있습니다.
양측의 서면 동의 없는 무단 전재 및 복제를 금합니다.

잘못된 책은 바꾸어드립니다.

이 책은 방일영 문화재단의 지원으로 출판되었습니다.

디지털이 세상을 바꾼다

책머리에

 우리 사회는 하루가 멀다 하고 새로운 모습으로 변화하고 있다. 직장마다 정보화의 강령이 내걸리고 디지털화의 깃발이 곳곳에 나부낀다. 정보화와 인터넷에 관한 갖가지 현란한 디지털 선동들이 난무하는 지금 우리는 다시 한번 우리의 선 자리를 헤아려볼 필요가 있다.
 이 혼란의 시대에 진정한 정보화를 이루려면 어떻게 해야 할까. 무엇보다도 현재의 정보화 캠페인에서 송두리째 빠져 있는 사람과 공동체를 먼저 중심에 세워야 한다. 우리는 인터넷에서 기술과 정보만 보았지 사람과 공동체를 도외시하기 때문에 인터넷의 주체가 되어야 하는 그들을 폭넓게 끌어들이지 못했다.
 우리는 새로운 공동체를 만들고 그를 토대로 네트워크를 엮어 짜는 수평적 디지털 문화 혁명의 진정한 주체를 갖고 있지 못하다. 진정한 정보화와 새로운 커뮤니케이션은 기술이나 하드웨어에 있는 것이 아니라 사람과 문화에 달려 있다.

'산업화는 뒤졌지만 정보화는 앞서자'는 구호가 제창되고 있지만 우리의 정보 문화는 여전히 산업 사회에 기반한 획일적이고 표준화된 문화이다. 우리는 정보 사회나 네트워크 사회가 요구하는 새로운 덕목과 문화를 아직까지 잘 만들어내지 못하고 있다.

산업 사회의 삶은 '남보다 먼저'라는 신조가 힘을 썼다. 남보다 먼저 집을 사면 집값이 올라갔고 남보다 먼저 물건을 만들면 성공할 수 있었다. 그러나 디지털 시대에서는 '남보다 먼저'가 인생의 성공과 행복을 자동적으로 가져다주지 않는다. 네트워크 사회에서는 '남보다 먼저'보다 '남과는 달리'가 훨씬 중요한 의미를 지니게 된다. 남과 똑같이 해서는, 남이 하는 대로 해서는 디지털 시대의 경쟁에서 살아남을 수 없다.

그러나 '남과는 달리'만으로도 네트워크 사회에서 살아남을 수 없다. '남과 함께'라는 협동과 공유의 문화를 갖지 못한 채 '남과 달리'라는 경쟁의 문화만을 쫓다 보면 결국은 네트워크 사회의 낙오자로 전락하게 될 것이다. 그래서 '남과 함께,' 그러나 '남과는 달리'가 디지털 시대의 새로운 좌우명이 될 것이다

여기에 모아놓은 글들은 네트워크 시대의 문화와 디지털 문화에 관한 것들이다. 이 글들이 '남과 함께'라는 공동체 윤

리와 '남과는 달리'라는 창조성이 함께 만나는 새로운 디지털 문화에 대해 생각해보는 계기가 될 수 있기를 기대해본다. 그래서 '남보다 먼저'라는 구시대의 생존 법칙을 과감하게 벗어던지고 '남과 함께' 더불어 정보를 나누면서 '남과는 다른' 자신만의 창의성을 마음대로 펼칠 수 있는 디지털 세상이 펼쳐질 수 있기를 바란다.

1998년 8월
백 욱 인

차례

책머리에 / 7

네트워크 사회

네트워크가 우리 사회를 바꾼다 / 15
디지털 시대의 창의력과 교육 / 24
전자 영상물과 포르노 / 31
정보화 사회의 신화와 현실 / 44
인터넷 정보화의 허상 / 59
진정한 해커를 고대한다 / 63
지적 재산권과 프라이버시 / 66

디지털 문화

디지털 복제 시대의 문화 / 77
인터넷의 작은 집 / 98
사이버히피 독립 선언문 / 109
아날로그와 디지털을 만나게 하라 / 122

네트와 디지털 문화 / 126
인터넷의 미래 / 141
사이버저널리즘 / 152
벤처 거품과 벤처 사업 / 156
인터넷 열풍과 디지털 시대의 지식인 / 160

서 평

새로운 문명은 도래하는가 / 169
에스더 다이슨 / 172
정보화 사회와 사이버스페이스 / 175
디지털 시대의 맥루언 읽기 / 180
디지털 혁명과 네그로폰테 / 183
디지털 시대를 읽는다 / 192

원문 출처 / 198

네트워크 사회

네트워크가 우리 사회를 바꾼다

닫힌 연줄망에서 열린 연결망으로

우리의 연줄망을 말할 때 흔히 '혈연' '지연' '학연' 등을 꼽는다. 씨족 위주의 양반 문화가 지속되던 봉건 사회에서는 혈연이 연줄의 기본이었다. 족벌끼리 통혼을 하고 서로 세력을 나누기 위해 결합하는 일이 사대부의 일상적 관심사였다. 남녀간의 사랑도 집안 혈연을 확장하는 수단에 불과했고 친척간의 교류도 혈족의 권력을 키우기 위한 수단이었다. 21세기를 코앞에 둔 지금도 혈연에 뿌리내린 네트워크의 힘은 별로 약해지지 않았다. 재벌과 권력간의 통혼이 다반사로 이루어지고 재벌가의 대물림이 스스럼없이 이루어진다.

'지연'이란 이보다 더 넓은 지역적 동질성에 기반한다. 그리 크지 않은 국토이지만 유달리 우리에게는 지역적 특성이 강하다. 아기자기한 지역 풍물과 그에 따라 만들어진 지역적 색깔이 지역 공동체를 하나의 강력한 유대와 공감의 끈으로 묶어놓는 노릇을 한 것이다. 봉건 시대에는 지리적 제한이

지금보다 엄청나게 컸기 때문에 지역적 테두리 안에서 자연히 지역 주민간에 '우리 의식'이 자라났을 것이다. 민속놀이는 이러한 지역적 특성을 바탕으로 하여 공동체 주민들이 엮어놓은 지역 문화에 다름아니다.

이러한 창조적 공동체성을 담고 있는 지연이 1960년대 후반 근대화의 와중 속에서 지역 불평등과 연결되고, 이것이 정치적으로 활용되면서 이른바 지역 감정이란 것이 우리의 정신과 문화를 황폐하게 만들어놓았다. 지역간의 수평적이고 자유롭고 창의적인 네트워크는 사라지고 서로간의 불신과 반목을 조장하는 정치 권력의 조작이 먹혀들면서 어느새 있지도 않은 지역 감정이 국민간의 골을 깊게 파놓게 된 것이다. 지역 감정을 타파한다고 주장하는 신정권도 지역 감정으로부터 자유롭지 못하다. 각료의 지역적 안배라는 말이 아무 생각 없이 거론되는 풍토는 역으로 '지연'의 구속에서 자유롭지 못하다는 말이다.

'학연'은 아마도 우리나라의 권력과 사회 관계를 좌지우지하는 또 하나의 네트워크일 것이다. 특히 고등학교 동창이 발휘하는 힘은 크다. 그것의 힘이 어디에서 비롯되었는지는 모르지만 사회 생활에서 출신 고등학교와 지역을 섞어 일컫는 TK, PK 따위의 말들은 우리의 권력 구조가 학연과 지연 결합체에 의해 유지되고 있는 모양을 잘 보여준다.

이처럼 강력한 '혈연-지연-학연' 복합체는 숙명적이고,

권위적이며, 닫혀진 네트워크를 만든다. 혈연과 지연·학연은 한번 만들어지면 바꿀 수 없다. 그래서 숙명적인 네트워크이다. '혈연-지연-학연' 복합체에서 가능하면 줄을 잘 잡고 출세해보자는 사람들이 꼬여들게 되고 이것이 이 복합체의 지배력을 더욱 강하게 키운다.

그러나 이제 이러한 봉건적 네트워크가 온갖 협잡의 탯줄이었다는 사실을 직시할 필요가 있다. 이러한 봉건적인 연줄망으로는 새로운 네트워크 시대의 개방성과 자유로움과 창의력을 만들 수 없다. 이제는 좋든 싫든 새로운 네트워크 문명이 우리에게 던지는 도전에 겸허하게 몸과 마음을 열어놓아야 할 때다.

수직적 연줄망에서 수평적 연결망으로

한때 인맥 만들기란 책이 유행한 적이 있었다. 우리에게 인맥은 결국 권력이나 재력을 갖고 있는 사람들에게 선이 닿을 수 있는 방식을 만드는 데 지나지 않았다. 그러나 정보화 사회에서는 다양한 전문 영역간의 의사 소통과 사귐, 그리고 지속적인 연결이 무엇보다도 중요해진다. 실리콘 밸리의 성공은 인적 네트워크를 잘 만들고 이를 효율적으로 활용한 데 있다. 정보화 사회에서는 혈연이나 지연, 학연 같은 연줄망은 크게 힘을 쓰지 못하게 된다. 전세계적인 네트워크의 네트워크인 인터넷은 국가간의 지역적 구분조차 부숴버린다.

편협한 지역을 기반으로 하는 혈연-지연-학연은 네트에서 별다른 인연을 엮어내지 못한다. 오히려 뜬금없이 만난 지구 반대편의 생면부지 친구와 열린 관계를 엮어나가는 네트워크가 훨씬 생동력 있고 현실성 있는 대안으로 다가온다.

'혈연-지연-학연' 복합체가 우리 사회의 지배적 연줄망을 만들고 있다면 '인연'은 이보다 훨씬 자유로운 개방적 연결망을 잉태할 가능성을 갖고 있다. 정보화 사회에서 우리가 소중하게 가꾸고 지속시켜야 할 유산이라면 '인연'이라는 정서가 아닐까 한다. '혈연-지연-학연'이 유교 문화에 기반한 연줄망이라면 인연은 불교식 연결망이다. 인연은 수백 겁을 이어지는 가능성으로서의 연결인 것이다. 느닷없는 만남과 헤어짐의 연속을 자연스레 받아들이는 인연은 열린 가능성과 자유로서의 네트워크와 훨씬 쉽게 만날 수 있다.

'혈연-지연-학연'의 연줄망이 새로운 정보 통신 네트워크를 지배하게 되면 어찌 될까? 아마도 권위적이고 폐쇄적이고 답답한 네트워크를 만들어놓을 것이다. 전진하는 자유를 두려워하고 새로운 연결을 무서워하고, 자유로운 연결의 확장을 막으려 할 것이다.

보스 위주의 계파 정치에서 아직도 헤어나지 못하고 있는 우리 나라의 한심한 정치 풍토에서는 수직적 연줄망에서 줄을 잘 서고 평생 충성하다가 때가 되면 한번에 요직에 올라 평생 고생했던 그간의 대가를 한몫에 챙기려 든다. 그래서 독직이 생겨나고 부정부패가 끊이지 않는다. 무협지식의 도제적 사부-제자 관계가 지배하고 있는 학교는 자유로운 학문의 발전과 과학의 숨통을 막는다. 교수직을 사고 파는 것이 가능한 이유는 수직적 연줄망이 여전히 위세를 떨치고 있기 때문이다.

'한번 해병이면 영원한 해병'이라는 억지 구호는 우리 사회의 연줄망이 얼마나 집요하고 강한가를 보여준다. 자신의 정체성을 명확하게 갖는 것은 그리 잘못된 일은 아니지만 지나친 정체성은 사람의 행동과 정신을 좀먹고 옹색하게 만든다. 그리고 새로운 열린 가능성을 향해 나가지 못하고 주어진 조건에 안주하게 만든다. 따라서 주어진 조건에 목을 매기 때문에 위에서 하라는 명령을 거역하지 못하며 윗줄의 부패가 아랫줄의 부패로 줄줄이 이어진다. 수직적인 닫힌 연줄망에서는 한곳이 썩으면 위에서 아래까지 몽땅 썩을 수밖에 없다. 사정의 날을 간다고 문제가 해결되지 않는다. 발본색원해야 하는데 그러자면 구조 자체가 무너지고 전체가 거덜나게 된다. 이것이 우리의 연줄망이 갖는 부패의 고리 구조이다.

그러나 열려진 연결망은 수평적으로 이어지기 때문에 썩은 부위만 도려내면 된다. 그래도 전체에는 문제가 없다. 사정이 가능한 것이다. 우리의 풍토에서 아예 사정이 안 되는 이유, 그리고 하다가 흐지부지될 수밖에 없는 이유는 바로 이러한 수직적 연줄망 구조 때문이다.

새로운 네트워크 문명

그러나 따지고 보면 '혈연-지연-학연'은 비단 우리나라만의 연줄망은 아니다. 혈연은 고대 사회 이래의 가장 기본적인 연줄이었고, 지연은 봉건 사회의 가장 기본적인 삶의 텃밭이었으며 학연은 산업화의 부산물이었다. 그러나 이제 새로운 네트워크 문명이 만들어지고 있다.

정보화와 디지털 혁명은 네트워크에 대한 문명사적 의미를 던져준다. 우리는 이제 문명으로서의 네트워크에 대해 생각해볼 지점에 이르렀다.

기술이 발전하고 새로운 미디어가 등장하면 새로운 네트워크 문화가 만들어진다. 도로와 철도의 보급은 '지연'에 뿌리내린 네트워크를 넓은 공간으로 확장하였고 자동차는 이러한 변화를 더욱 촉진하였다. 라디오와 텔레비전의 등장은 동시적 네트워크를 통해 광범한 대중을 창출하였다. 위성과 통신망의 발전은 전세계의 주민을 하나의 지구촌으로 끌어들였다. 인터넷은 기존의 혈연과 지연·학연을 바탕으로 하는 연줄망을 뿌리째 뒤흔든다.

새로운 네트워크의 기본 구조는 계층적이지 않으며 열려 있다. 그리고 구성 주체간에 서로 평등한 관계가 유지되는 수평형 조직에 기초해 있다. 또한 긴밀한 커뮤니케이션과 상호 설득을 통한 전원 참가의 일치형 의사 결정 기구를 유지한다. 결정의 실행도 분권적으로 이루어진다.

새로운 네트워크 문명은 구성원의 고정성·배타성·토착성과 같은 과거의 네트워크 모습을 지니고 있지 않다.

맥루언은 "문자와 인쇄 기술은 전문화와 분리를 조성하고, 전자 기술은 통일과 참여를 장려한다"고 보았다. 최근의 정보 통신 기술은 이러한 맥루언의 주장을 뒷받침한다. 새로운 미디어가 가족과 교육·직장·지역 공동체 정부 등 모든 것에 커다란 변화를 몰고 오고 있다. 네트는 매스 미디어의 일방적 의사 소통 구조를 그 근본에서부터 허물어뜨린다. 네트는 '다수 대 다수'의 양방향 의사 소통이라는 소통 양식의 근본적인 변혁을 가져왔다.

새로운 네트워크 문명은 사이버스페이스를 통해 이루어진다. 사이버스페이스는 1) 네트워크로 연결되어 있는 컴퓨터, 2) 네트워크를 통해 전달되는 정보, 3) 네트워크를 사용하는 사람들로 구성된다. '사이버커뮤니티'는 특히 '네트워크를 사용하는 사람들'의 의사 교환과 이를 지속하려는 공동의 의식적인 노력을 통해 만들어진다.

인터넷은 독립적인 컴퓨터가 탈중심적으로, 대등하게, 병렬적으로 연결되어 있는 '네트워크의 네트워크'이다. 인터넷에는 전체적인 통제와 감시를 담당하는 중앙이라는 개념이 존재하지 않는다. 이것이 새로운 네트워크로서 인터넷이 갖는 가능성이자 특징이다. 컴퓨터간의 상호 독립성, '상호소통성 interoperability'은 자유주의의 철학적 원리를 기술적으로 구현하는 하부 토대라 할 수 있다. 인터넷의 기본 철학을 제퍼슨 Jefferson의 '자유주의 liberalism'에서 찾는 이유가 여기에 있다.

인터넷은 일방향적인 수직적 소통을 기반으로 하는 기존의 대중 매체와 판이하게 다르다. 인터넷 모델은 수동적 정보 소비자가 아니라 적극적인 정보 사용자를 만들어내었다. 마치 매스 미디어 시대의 대자보처럼 사용자는 자신이 전달할 정보의 내용과 전달 시간, 전달 의도, 전달 대상에 대해 전면적인 권한을 갖는다. 뿐만 아니라 자신이 전달받을 정보도 적극적으로 선별한다. 사용자는 대중 소비자가 아니라 적극적 개입과 참여로 스스로 미디어의 내용과 형식을 창출하는 창조적 주체이다.

맥루언은 새로운 전자 기술이 통일과 참여를 조성한다고 보았다. 그의 말대로 인터넷은 국가간의 지리적 경계를 허물면서 네티즌의 통일과 참여를 촉진하고 있다. 인터넷은 맥루언이 지적한 지구촌이란 말에 현실감을 바짝 불어넣었다. 지역주의와 국가주의, 편협한 인종주의는 인터넷의 범지구주의적 영향 아래서 과연 얼마나 살아남을 수 있을까? 지구촌 시대에 여전히 '지역 감정'을 불러일으키고, 연고주의로 사람을 가르고, 파당을 지어 자신만의 이해를 추구하는 연줄주의자들을 어떻게 소탕할까? 새로운 네트워크 문화를 통해 이러한 연줄주의를 청산하고 새로운 연결망을 넓혀나가야 할 것이다.

디지털 시대의 창의력과 교육

산업 시대의 우리 사회는 아주 일방적이었다. 아이는 어른의 말을 무조건 따라야 했고 부하 직원은 상사에게 일방적으로 복종해야 했다. 여자는 남자에게 아무 말 못 하고 당해야 했으며 국민은 권력의 지시를 거역할 수 없었다. 그런데 2000년을 코앞에 둔 지금도 이러한 일방성의 횡포가 여전히 계속되고 있다.

나의 생각을 말하기 이전에 이미 모든 것이 결정되어 있는 사회, 숨겨진 정답을 잘 파악하여 재빨리 줄을 서는 것이 삶의 안전과 행복을 보장해주는 타율적인 사회, 이것이 디지털 세상과 함께 있는 엄연한 우리의 현실이다.

하나뿐인 정답의 일방성만이 판치는 사회에서 우리의 귀중한 아이들이 오늘도 바보 멍청이로 키워지고 있다. 해답이 하나밖에 없는 세상, 무엇인가를 얻기 위해 오직 하나의 방법만 주어지는 사회에서 창의력은 나올 수 없다. 모든 것이 이미 결정되어 있는데 어떻게 창의력이 싹틀 수 있는가. 일류 대학이라는 유일한 목표, 그를 위한 수능 공부만이 인생의 행복을 보장하는 일방적 대안인 우리 사회에서 창의력 넘친 인재의 출현을 고대하는 것은 연목구어일 수밖에 없는 노릇이다.

이미 모든 답이 주어져 있기 때문에 남는 과제는 어떻게 하면 더 빨리 답을 얻는가에 달려 있다. 20년 전의 장학퀴즈에서 최근의 인터넷 퀴즈(인터넷 정보 사냥 대회)에 이르기까지 '빨리빨리'의 선착순 문화의 지배에서 한걸음도 더 나가지 못한 우리 문화의 답답함에 목이 막히는 것 같다. '선착순 문화'와 '끼워맞추기 문화'가 학교에서 군대·회사에 이르기까지 우리의 생각과 행동의 목줄을 꽉 죄고 있다. 사지선다형의 바깥에는 아무것도 없으며 설혹 답이 없거나 더 맞는 방식이 있더라도 네 가지 가운데 하나를 선택하지 않으면 안 되는 숨막히는 논리에 길든 아이들의 행동 또한 단선적이고 일방적일 수밖에 없다. 아이들은 다양한 길과 가능성, 새로운 시도를 무서워한다.

가장 중요한 자연 자원은 어린아이들

우리나라가 갖고 있는 풍부한 자연 자원은 무엇인가? 별로 돈 될 만한 자원이 없는 우리나라의 유일한 자연 자원은 바로 어린아이들이다. 부모들의 유별난 교육열도, 과보호도 따지자면 결국 어린아이라는 유일한 자연 자원에서 나온 것이다. 교육이란 자연 자원을 가공하는 것이다. 그런데 우리의 교육은 자연 자원을 갈고 다듬어 스스로 창의력을 발휘하여 생산성을 높이고 지식 상품과 문화 상품을 개발해내는 인적 자원으로 만들어내지 못한다.

교육은 훌륭한 자연 자원을 가공하여 가장 효율적이고 생산성 높은 인공 자원으로 바꾸어놓는 것인데 교육이 자연 자원의 잠재력을 가로막고 규격화된 풀빵을 찍어내는 데 그친다면 우리의 경쟁력은 갈수록 떨어질 것이다.

디지털 시대의 교육은 그럼 무엇을 겨냥해야 하는가. 디지털 시대의 교육은 남과 함께하는 협동성과 나만의 독창성을 결합하는 능력을 키워주는 것이어야 한다. 앞으로 다가올 디지털 사회는 일방적인 모든 것을 태생적으로 거부한다. 네트·연결·접속, 이런 말들은 이미 일방적이 아닌 양방향·다방향의 다양한 선택과 소통의 가능성을 열어준다. 그렇다면 주어진 해답을 빨리 찾는 것이 아니라 문제 해결을 위한 방안을 스스로 끄집어내는 능력이 필요하지 않은가? 디지털 시대의 한복판에서 여전히 주어진 정답을 빨리 찾아내는 선착순 문화의 유산이 공공연히 이루어지고 있는 모습을 볼 때 우리의 디지털 문화가 갈 길이 보통 험난하지 않음을 알 수 있다.

구슬이 서 말이라도 꿰어야 보배라는 말이 있다. 정보는 소유하는 것이 아니라 사용하는 것이다. 아무리 많은 정보를 소유하고 있어도 이들 정보를 서로 결합하고 창조적으로 활용하지 못하면 그것은 쓰레기에 지나지 않는다. 디지털 시대의 거지는 '정보를 소유하지 못한 사람*information poor*'이 아니라 정보를 활용하지 못하는 사람이다. 사람들은 초등학교 때부터 좀더 빨리 컴퓨터를 배워야 경쟁에서 뒤지지 않는다고 위협한다. 어린이들은 영문도 모르고 컴퓨터 학원으로 내몰린다. 인터넷이 뜨니까 이제 인터넷을 모르면 이 사회에서 배겨나기 힘들다고 말한다. 정보를 찾는 것이 중요하다니까 이제 누가 정보를 얼마나 빨리 찾는가가 마치 국가 경쟁력을 가져다주는 것처럼 안달을 한다. 마치 1960~1970년대에 고도 성장을 위해 분초를 다투어서 짧은 시간에 더 많이 생산을 해내야 했던 우리들의 공장 노동자들처럼 아이들에게 비트 찾기 속도전을 강요한다. 그러나 디지털 시대에 속도전은 없다. 모든 정보와 전세계 컴퓨터 안의 자료는 인류 공용의 것이다.

그리고 누가 먼저 자료를 찾아간다고 네트의 비트가 물건처럼 없어지는 것도 아니다. 초등학교 때 소풍을 가면 보물찾기놀이를 했다. 점심 시간 동안 선생님들이 나무 밑이나 숲속 나뭇가지 사이에 종이쪽지를 숨겨놓으면 아이들은 풀숲을 헤집고 다니며 종이쪽지를 찾아헤매고 다닌 기억이 있을 것이다. 순이가 보물을 하나 찾으면 영이의 몫은 그만큼 줄어든다. 이것이 아톰이 지배하는 산업 사회 경제의 제로섬 게임이다. 그래서 내가 빨리 못 차지하면 나의 몫은 없다. 눈을 부릅뜨고 남보다 먼저, 남보다 빨리 내 몫을 챙기기 위해 남을 밀치고 버스문간으로 달려가야 했고, 선착순 구보에서 남보다 먼저 도착해야 했으며 값이 뛰는 라면을 사기 위해 남보다 먼저 슈퍼마켓 문 앞에 줄을 서야 했던 시대의 경쟁 논리는 남보다 먼저 서는 데 있다. 남과 나는 똑같은 욕구를 갖는 똑같은 해결책만을 갖는 일차원적 인간이었다.

산업 사회에서 분명히 우리의 삶은 '남보다 먼저'라는 신조를 잘 실천하면 먹고 사는 데 보탬이 되었다. 남보다 먼저 집을 사면 집값이 올라갔고 남보다 먼저 슈퍼마켓에 가면 오르기 전의 값으로 라면 박스를 짊어지고 올 수 있었다. 그러나 디지털 시대는 '남보다 먼저'가 인생의 성공과 행복을 자동적으로 가져다주지 않는다. '남과는 달리'라는 새로운 방식이 디지털 시대의 좌우명이 될 것이다. 남과 똑같이 해서는, 남이 하는 대로 해서는 디지털 시대의 경쟁력인 창의력을 마련할 수 없다.

인터넷 사냥 대회에서 내가 어떤 사이트에 있는 '디지털 시대의 돈 버는 방법'에 관한 자료를 남보다 빨리 얻었다고 해서 그 정보가 나만의 것이 되는 것은 아니다. 문제는 그러한 정보를 활용하여 진정으로 디지털 시대에 돈을 벌 수 있는 자기만의 방식으로 실현하는 창조적이고 주체적인 능력을 갖고 있느냐에 달려 있다. 디지털 시대의 네트에 있는 정보는 아무도 자기만의 소유를 주장할 수 없으며 소유가 무의미한 사회이다. 정보를 소유한다고 해서 돈이 정보가 되지는 않는다. 정보는 사용자의 능력에 따라 가치가 결정되는 새로운 경제 논리를 보여준다. 소유의 관점에서 정보에 접근하는 모든 이론과 실행 지침은 잘못된 것이다.

디지털 시대는 새로운 인간형을 낳는다. 산업 시대는 위계적인 질서에 잘 순응하고 경쟁에 용의주도하게 대처하는 인간형을 양산하였다. 표준화된 생산 체제는 사람의 인성까지도 표준화하였다. 그래서 몰개성과 천편일률, 위계적인 권위 구조에 대한 일방적인 복종이 미덕이었다. 자유롭고 개성이 흘러넘치고 자신의 주장을 펼치는 사람은 버릇 없고 잘난 체하는 사람, 뭔가 튀는 사람으로 찍혔다. 이러한 현실 세계의 구속은 창조적인 인간형의 발현을 가로막았다.

그러나 디지털 시대에는 사람들에게 요구되거나 기대되는 덕목도 변화한다. 산업 시대에 요구되던 근면성과 계산성·합리성의 덕목은 지적 활용 능력과 창조성에 자리를 내준다. 농업 시대에 육체적 완력이 강한 사람을 뽑는 씨름 대회가 성행하고 산업자본주의 시대에 기능 올림픽이 열렸다면 이제 정보 활용과 창조의 경시장이 일상 생활에서 펼쳐진다. 그렇다면 과연 정보화 시대에는 어떤 능력이 요구될까?

첫째, 정보 수집과 활용에 필요한 기초적인 능력이 필요할 것이다. 왜냐하면 정보 활용이 지적 생산물 생산에 필수적으로 요구되기 때문이다. 둘째, 이런 기초 능력과 더불어 남과 자유롭게 교류하면서 공론을 엮어갈 수 있는 능력이 요구된다. 사이버스페이스에서 이루어지는 논쟁을 합리적으로 엮어나갈 의사 소통 능력이 필요한 것이다. 혼자 떨어져 있으면서도 남과 협력하면서 원활하게 의사를 소통할 수 있는 사람이 혼자만 열심히 하는 사람보다 큰 성과를 올릴 것이다. 이와 더불어 창조적인 아이디어와 상상력으로 정보와 지식에 활기를 불어넣는 능력까지 갖추고 있다면 금상첨화일 것이다.

'남과 함께'라는 공동체 윤리와 '남과는 달리'라는 창조성이 함께 만나 새로운 디지털 문화의 꽃을 피우기를 기대해 본다. 그래서 '남보다 먼저'라는 구시대의 생존 법칙을 과감하게 벗어던지고 '남과 함께' 더불어 정보를 나누면서 '남과는 다른' 자신만의 창의성을 마음대로 펼칠 수 있는 디지털 세상이 펼쳐질 수 있기를 고대한다.

전자 영상물과 포르노

포르노의 시절

'포르노그래피'는 매춘을 뜻하는 'porno'와 글을 뜻하는 'graphos'의 그리스어 합성어이다. 포르노그래피는 시대와 장소에 따라 여러 가지 다양한 뜻과 의미를 지니며 실제적인 성교를 그리는 '하드코어 *hardcore* 포르노'와 단순한 나체, 혹은 선정적인 모습을 그리는 '소프트코어 *softcore* 포르노'로 구분되기도 한다.

이러한 포르노그래피는 인류 역사의 시작과 함께 출현하였다고 보아도 무방하다. 고대 그리스 시대의 물병이나 항아리에 그려진 다양한 성교의 모습과 이를 암시하는 그림들은 인류의 기본적인 본능인 성이 다양한 모습과 형태로 표현되었음을 보여준다. 성에 관한 표현은 어떤 시기에는 제약되기도 하고 어떤 나라와 장소에서는 별다른 제재 없이 보급되기도 한다. 따라서 포르노와 예술, 포르노와 정보를 가르는 잣대는 상대적일 수밖에 없다.

포르노는 항상 새로운 매체를 적극 이용하였다. 포르노는 인쇄술이 발명되자 책과 잡지 등의 형태로 대중화되었고 사진의 발명으로 음화가 대중적으로 확산되었다. 포르노는 전자 미디어의 대두와 함께 더욱 빠른 속도로 더 많은 대상층에 전달될 수 있었다. 비디오테이프와 같은 전자 복제술의 발전은 포르노를 확대 재생산하는 원동력이 되었다. 최근에는 컴퓨터 네트워크를 통한 양방향 전송이 가능해지면서 포르노의 확산 속도와 폭이 더욱 커지고 있는 실정이다. 전화와 팩스, 컴퓨터 통신은 단방향이 아닌 양방향 통신으로서 포르노의 새로운 경지를 열어놓는다. 단순히 받아보기만 하는 일방향성에서 생각과 자료를 서로 주고받는 양방향 의사전달이 가능하게 됨에 따라 이른바 '사이버섹스 cybersex'가 이루어지는 경지에 이르렀다.

최근 클린턴이 '통신개혁법'을 승인하자 인터넷은 마치 벌집을 쑤셔놓은 듯 아우성이다. 왜냐하면 '통신개혁법' 5장 '통신품위법'에 따르면 음란물을 통신망에 게시하거나 송신하는 사람, 그리고 그 사실을 알고도 시설을 제공한 통신 업체는 징역 2년 혹은 벌금형에 처할 수 있다. 현실 세계의 포르노 규제주의자들과 인터넷 자유주의자간의 싸움의 연원은 1995년으로 거슬러 올라간다. 이미 액슨 법안의 형태로 음란물에 관한 통제가 모색되고 있던 시점에서 『타임』지는 1995년 7월 3일자 표지 기사에서 '인터넷이 온통 포르노로 뒤덮여 있다'는 선정적인 기사를 게재하였다. 카네기 멜론 대학의 마티 림 Marty Rimm이라는 학부 학생이 조지타운 대학 법학지에 실은 「정보 고속도로의 포르노 마케팅」이라는 글을 토대로 한 이 기사에서 인터넷은 음란물의 온상이라고 경고하였다. 의회의 보수 집단과 기독교 연맹, 학부모 단체 등 보수 집단이 결합하여 액슨 법안을 추진하다가 이를 사회 여론을 통해 더욱 확산시키고자 『타임』지와 손을 잡은 것이다. 『타임』지는 학술 연구의 권위를 빌리기 위해 마티 림의 연구를 인용하였는데 이 인용이 현실을 왜곡하고 인터넷의 성격을 호도하는 것이라 하여 인터넷에서는 일대 논쟁이 벌어지게 되었다. 결국 이러한 논란은 통신개혁법이 상하원을 통과하고 1996년 2월에 클린턴의 재가를 받아 법 시행에 들어가는 듯했으나 수정 헌법 제1조의 사상과 표현의 자유를 둘러싼 논쟁으로 이어지면서 위헌 판정을 받은 바 있다.

새로운 기술과 포르노

스틸 카메라가 발명되자 얼마 되지 않아 사람들은 누드를 찍기 시작했다. 마찬가지로 캠코더가 발명된 지 얼마 되지 않아 상대의 알몸이나 성관계를 비디오에 담는 풍속이 생겨나기도 했다. VCR이 널리 보급된 이유로 흔히 포르노 비디오를 꼽는다. 포르노의 대명사인 포르노 비디오는 이미 현실 세계에 자신의 시민권을 확보하고 있다. 뉴욕 맨해튼 42번가에 줄줄이 늘어선 포르노 비디오 가게들은 가지각색의 포르노를 구비하고 손님을 맞는다. 이러한 포르노 영상물은 '페이 퍼 뷰'를 통해 호텔방에 중계되거나 가정에 전달되기도 한다. 마음만 먹으면 언제 어디서나 포르노 영상물을 접할 수 있는 것이다.

포르노는 항상 최첨단을 지향한다. 새로운 매체는 영락없이 포르노를 실어나르는 도구로 사용된다. 사진이 발명되자 누드 사진이 상업화되어 사람들의 호기심을 자극하였으며 영화는 포르노성 이야기를 대중에게 직접 전달하는 강력한 매체로 자리잡았다. 컴퓨터와 통신의 결합이 가져온 양방향 통신의 위력은 사람들로 하여금 포르노를 단순히 수동적으로 보고 만족하는 관음증에서 건져내어 직접 참여하고 구성하는 적극적 섹스 파트너로 만든다. 그래서 포르노는 최첨단이다. 대표적인 포르노 잡지 『팬트하우스』의 인터넷 홈페이지에는 '정부의 검열에 대항하여 싸워라'라는 전투적인 문구가 버젓이 실려 있다. 이제 포르노는 검열과 규제에 대항하여 싸우는 이 시대의 해방 투사로 행세하고 있다.

1980년대 퍼스널 컴퓨터가 처음 보급되기 시작할 때만 해도 이 기계가 포르노나 성과 연관이 되리라고 생각한 사람은 많지 않았다. 컴퓨터용 섹스 게임은 1980년에 처음 만들어졌다. 척 벤턴 Chuck Benton은 1980년에 소프트포른 어드벤처 Softporn Adventure라는 애플II용 성인용 프로그램을 처음 만들었다. 그 게임은 수수께끼와 성적인 상황을 알려주는 지문으로 구성되어 있었다. 미국의 유명한 게임 회사인 시에라 온 라인사의 회장이자 공동 설립자인 켄 윌리엄스Ken Williams가 소프트포른 어드벤처의 상업적인 가치를 발견한 후 이 게임을 미국 전역에 판매하였다. 판매 당시에 보급된 애플 컴퓨터의 수가 40만 대 이하였는데 약 5만 카피 정도가 팔렸다고 하니 전체 애플 소유자의 12.5%가 이 프로그램을 돈 주고 산 셈이 된다. 나머지는 물론 이 프로그램을 복사하여 사용했을 것으로 추측된다.

성적인 암시를 주는 그림도 없고 요즘에 들을 수 있는 것처럼 음향도 지원되지 않던 원시적인 컴퓨터 프로그램이 이토록 인기를 누린 이유는 무엇일까? 그것은 이 프로그램이 성적인 상황 설정에서 벌어지는 놀이라는 점이고 다른 하나는 키보드를 매개로 사용자가 게임에 직접 자신의 의사를 주고받는 시뮬레이션이 가능했기 때문이다. 컴퓨터 게임은 단순히 음화나 포르노 비디오를 보는 것과는 달리 사용자의 능동적인 개입을 요구한다. 컴퓨터는 텔레비전과 달리 사용자를 모니터 안에서 벌어지는 상황으로 끌어당기는 강력한 흡인력이 있다. 포르노 비디오의 경우 시청자는 그냥 화면에서 보여지는 데로 수동적으로 보는 데 반해 컴퓨터 게임에서는 사용자가 키보드를 사용하여 적극적으로 내용 전개에 개입한다. 사용자의 손놀림이나 판단력, 가상 시뮬레이션의 전개

방식에 따라 각기 다른 상황이 벌어지고 마치 사용자가 컴퓨터 프로그램이 보여주는 세계에 실재하는 것 같은 환상을 준다. 비행기 시뮬레이션이나 롤 플레잉 게임은 가상의 현실에서 사용자의 주체를 만들어준다. 이것이 컴퓨터 게임에 열중하게 되는 이유이다.

1984년에는 래리 Leisure Suit Larry라는 유명한 게임이 출시되었다. 39세의 얼뜨기 총각 래리가 연애 행각을 벌이는 이야기를 롤 플레잉 게임으로 만든 것이다. 이 게임은 대단한 인기를 누렸다. 래리의 캐릭터 자체가 주류 문화에도 영향을 미칠 정도로 인기가 높았다. 월 스트리트 저널, 롤링 스톤스, CNN 같은 매체에서도 이 문제를 다루었다. 래리는 하드코어 포르노는 아니지만 가상 섹스가 곳곳에서 이루어진다. 래리는 최초의 섹스 게임인 소프트포른 어드벤처의 내용을 더욱 확장하여 애니메이션과 음향을 입힌 것이라 할 수 있다. 래리는 전세계적으로 백만 본 정도가 팔렸다. 래리의 상업적인 성공으로 컴퓨터 섹스 게임 시장은 상당히 확대되었다.

마이크 샌즈 Mike Saenz는 컴퓨터 그래픽을 사용하여 『샤터 Shatter』라는 만화를 만들었다. 그는 이후 맥플레이메이트라는 컴퓨터 게임을 만들었는데 이 게임에서는 사용자갸 마우스를 사용하여 맥시 Maxie라는 여자를 만족시켜야 한다. 샌즈는 1990년에 최초의 시디롬 게임인 '버추얼 발래리'를 내놓았다. 컴퓨터 그래픽으로 처리된 '버추얼 발래리'는 후

속편에서 음향과 3차원 그래픽으로 완벽한 가상의 섹스 파트너를 재현하고 있다.

1990년대에는 컴퓨터의 고기능화와 함께 저가격이 이루어져 대중적으로 성능 좋은 컴퓨터가 널리 확산되는 시기이다. 이와 함께 이른바 멀티미디어형 컴퓨터가 일반화되면서 시디롬이 널리 보급되었다. 이는 컴퓨터 게임의 고용량화와 음향·영상면에서 다양한 구성을 갖는 멀티미디어형 게임의 등장을 가져왔다. 시디롬의 등장은 새로운 미디어가 섹스 상품과 가장 먼저 결합된다는 선례를 다시 한번 확인시켜주었다. 1990년대초부터 본격적으로 보급되기 시작한 시디롬은 시디롬 드라이브의 보급이 부진하여 초기 시장의 활성화에 상당한 애로가 있었으나 영상과 음향의 멀티미디어를 제공하는 특성 때문에 새로운 포르노 매체로 각광받고 있다. 처음에는 기존에 만들어진 누드 사진이나 포르노 영화 필름의 단순한 복사 디지털화를 중심으로 이루어지던 시디롬 타이틀이 최근에는 자체 제작 방법과 기법으로 구성되는 독자적인 포르노물로 변화하고 있다.

네트의 포르노

1980년대가 개인용 컴퓨터의 보급기였다면 1990년대는 인터넷으로 대표되는 네트워크 컴퓨터의 시대이다. 포르노는 네트라는 새로운 환경에 재빨리 적응한다. 네트의 포르노는

1) 인터넷에 접속된 사설 BBS, 2) 성인 잡지 및 성인물 업체의 온라인 광고 홈페이지, 3) 유스넷의 뉴스 그룹, 4) 채팅, 온라인 게임 등으로 구분할 수 있다.

아마도 현재 네트와 관련하여 음란 포르노가 문제되고 있는 경우는 사설 BBS일 것이다. 앞서 이야기한 『타임』지의 기사와 그의 토대가 된 림의 연구는 바로 성인용 사설 BBS와 관련된 것이다. 성인용 사설 BBS는 성인을 대상으로 월간 일정액의 사용료를 받는다. 여기에서 제공하는 서비스의 가장 일반적인 형태는 여러 가지 사진 파일을 제공하는 것이다. 작년에 비해 최근 인터넷에는 이런 상용 사설 BBS가 많이 눈에 뜨인다. 적지 않은 수의 성인용 사설 BBS가 인터넷에서 상용 서비스를 시행하기 때문에 이들은 인터넷의 음란화와 상용화를 선도하고 있다. 하지만 이들의 경우 그 규모나 설비가 아주 작다. 그리고 맛보기 이외의 본격적인 포르노물 제공은 온라인상에서 카드 결제를 요구하기 때문에 일반인들이 자료에 접근하기가 쉽지만은 않다.

둘째, 성인 잡지나 그 밖의 성인 오락용 업체가 인터넷에 만들어놓은 사이트를 들 수 있다. 유력한 성인용 잡지인 『플레이보이』나 『팬트하우스』의 홈페이지가 이런 경우이다. 이들은 자신들이 운영하는 인쇄 매체에 실린 사진 가운데 몇 개 파일 정도를 맛보기 정도로 보여주고 있다. 최근 미국에서는 가판점에서 『팬트하우스』 진열을 거부하는 곳이 많기 때문에 『펜트하우스』가 적자를 보았다는 기사도 전해진다. 인터넷에 올라온 성인 잡지의 경우 인쇄 매체의 질과 양에 비해 상대가 되지 못한다. 네트 자체의 공간을 활용하여 새로운 서비스를 시도하는 시험도 있지만 아직까지는 테스트 단계에 머물고 있다.

셋째, 성에 관한 유스넷의 뉴스 그룹이다. 뉴스 그룹의 경우에는 성에 관한 질문과 대답 및 여러 가지 의견이 게재되는 양방향 구조를 갖고 있다. 이 경우에는 동호회의 회원들처럼 자유롭게 자신의 의견을 개진하고 바이너리 파일을 취급하는 곳에서는 자유롭게 성과 관련된 이미지 파일을 얻을 수 있다. 이 경우가 표현의 자유와 관련하여 가장 큰 이슈가 되는 지점이다. 왜냐하면 최종 사용자가 자신의 의견을 올리고 다른 사용자가 이에 대한 자신의 의사를 개진하는 열려진 의사 소통의 장이기 때문이다.

넷째, 채팅, 온라인 게임이나 비디오 컨퍼런스 등 새로운 매체를 시험하는 사이트가 있다. 비디오 화상을 통해 서로의 생각을 전달하거나 실시간대로 서로 대화를 주고받는 채팅(IRC), 혹은 MUD처럼 여러 명이 동시에 가상의 게임을 전개하는 경우 사이버 섹스라는 새로운 형태의 성이 모습을 드러낼 가능성이 있다. 대화를 통해 상대방과 성과 관련된 이야기를 전개할 경우 이는 폰 섹스와 아주 비슷한 효과를 지니게 된다. 영상까지 지원될 경우 가상 세계에서 네트를 통해 이루어지는 사이버 섹스는·기존의 일방향적인 사진이나 이미지를 전달하는 수준에서 자신 스스로 섹스에 참여하는 새로운 형태의 성의 유희가 등장할 가능성이 크다. 인터넷을 통한 커뮤니케이션은 무작위적으로 이루어지는 것이 아니라 양방향적으로 접속이 되어야 가능하기 때문에 본인이 원하는 경우에만 상호 접속이 이루어질 것이다. 그런데 느닷없이 비디오 대화 가운데 상대가 옷을 벗으면 어떤 일이 발생할까? 이런 일들이 앞으로 등장할지도 모르는 사이버스페이스의 새로운 성문제가 될 것이다.

위에 분류한 사례에 따르면 대부분의 사이버포르노 논쟁은 1)에 관한 것이다. 2)에 대한 문제점은 현실 세계와 사이버스페이스의 형평성을 고려할 경우 명분이 떨어진다. 곧 길거리에서 버젓이 팔리는 잡지의 내용이 왜 인터넷에서는 불법인가라는 문제 제기에 대한 대답이 궁색하기 때문이다. 3)의 경우를 규제하기란 쉽지 않다. 사상과 표현의 자유가 바로 문제되기 때문이다. 4)의 경우는 아직까지 본격적으로 이루어지지 않고 있지만 사이버스페이스의 양방향적 특징을 가장 잘 드러내는 것으로서 앞으로 본격적으로 이런 분야가 진전될 경우 사이버포르노와 관련하여 가장 큰 문제로 제기될 공산이 크다고 보인다.

네트의 진정한 위력은 양방향으로 내용이 전달될 수 있다는 점이다. 또한 디지털로 만들어진 정보는 손쉽게 복사되어 무료로 확산될 수 있다. 문제는 우리의 아이들이 포르노에 대한 불타는 열망을 갖고 있는 한 그들은 언제 어디서나 손쉽게 값싼 비용으로 그곳에 접근할 수 있다는 점이다.

무엇이 포르노인가

결국 우리는 아주 곤혹스런 문제에 대해 뾰족한 해결책을 갖고 있지 못하다. 과연 무엇이 포르노인가? 피카소의 그림은 예술이고 공중 변소에 그려진 낙서는 음란하다고 누가 자신 있게 말할 수 있는가? 누가 무엇을 포르노로 규정하는가?

지금 성인이 된 30~40대 어른들은 중고등학교 시절에 교실 뒤켠에서 도색 사진을 본 경험이 한두 번씩은 있을 것이다. 1970년대에는 빨간 책이라는 음란 도서가 청소년 사이에서 몰래 읽히곤 했다. 『꿀단지』 『여선생과 제자』 등 제목만으로도 내용을 짐작할 수 있는 그런 책이었다. 대학생이 되면 『펜트하우스』나 『플레이보이』를 청계천에서 어렵게 구해 돌려보곤 했다. 1980년대가 되면서 비디오가 널리 보급되기 시작하자 이제 포르노 비디오 보기에 은밀하게 빠져들었다. 1980년대 대학가에서는 민주화 운동의 열기 속에서도 밤이면 여관으로 몰려가 포르노 비디오를 시청했다. 여러 번의 녹화를 거쳐 화질이 형편없는 비디오를 동료끼리 돌려보았다.

이제 우리는 어디에서 포르노를 보는가. 인터넷을 통해 『플레이보이』와 『펜트하우스』의 맛보기 사진을 공짜로 볼 뿐만 아니라 자신의 컴퓨터로 끌고 와 저장하여 다시 꺼내보기도 한다. 그뿐만이 아니다. 이제 사이버스페이스에서 이루어지는 가상 체험을 통해 직접 섹스의 세계에 들어가 마치 실제의 영화 주인공처럼 역할놀이를 할 수도 있다. '발래리' 등의 시디롬 게임은 가상 시뮬레이션을 통해 섹스에 대한 몰입과 놀이를 제공한다.

그런데 포르노에 대한 우리의 잣대는 명확하게 이중적이다. 비밀이 보장되고 노출되지만 않는다면 우리는 모두 포르노 마니아가 될 잠재력을 갖고 있다. 사회라는 감시의 눈만 없다면 우리는 포르노 마니아를 마다하지 않을 것이다. 낮에는 포르노의 비교육성을 성토하고 밤에는 룸살롱에서 오입에 빠지는 기성 세대의 이중적 성윤리보다는 차라리 전철칸에서 서로 부둥켜안고 사랑의 표현을 나누는 신세대가 성적으로 더 건강할지도 모른다.

네트에 실린 음란성 정보의 질과 양은 따지고 보면 새로울 것도 없고 대단한 것도 없다. 아무리 규제를 강화하여도 포르노물을 보고 싶어하는 불타는 호기심과 열망만 있다면 이런 정도의 포르노물을 접하기란 그리 어려운 일이 아니다. 오늘 텔레비전에서 청계천의 포르노 비디오가 팔리는 장면을 '추적'하여 방영한다 하여도 내일이면 언제나 그곳에서 똑같은 포르노 거래가 이루어지는 것이 우리 사회의 풍토이다. 현실에서 이루어지는 수많은 음란 집회와 모임을 그대로 방치하면서 유독 사이버스페이스의 포르노만을 집중 성토하는 것은 주객이 전도된 노릇이다. 이런 사태를 직시하면 문제의 소재가 규제에 있지 않으며 무조건적 통제만이 능사가 아님을 알 수 있다.

정보화 사회의 신화와 현실

 사람들은 정보화 사회에 대해 여러 가지 서로 다른 그림을 그린다. 전세계 시민이 새 세상에서 하나로 연결되는 지구촌의 꿈을 그리는 이도 있고 전자민주주의의 유토피아가 펼쳐지는 분홍색 꿈을 꾸는 이도 있다. 그런가 하면 전지전능한 거대 네트의 지배를 받는 전자 감옥의 악몽에 시달리는 사람도 있다.

 그러나 정보화 사회의 성격을 한마디로 규정하기에는 그 모양이 아직은 불확실하다. 정보화 사회에 대한 '기술 유토피아'적 기대나 '암울한 전망'은 정보화 사회를 하나의 완성된 실체로 파악한다는 점에서 서로 크게 다르지 않다. 정보화 사회는 우리의 실천에 의해 만들어지고 변화되기 때문에 닫혀진 틀이 아니라 열린 시각으로 바라보아야 한다. 이미 우리 현실의 일부로 다가온 정보화 사회의 앞날은 결국 사용자들의 실천에 달려 있다고 보면 너무 당연한 얘기가 될까? 정보화 사회의 성격에 대해 여러 가지 견해가 제시되고 있지만 정보화 추세 자체를 부인하는 것은 현실 자체에서 눈을 돌리는 것과 다름없다. 그렇다면 오늘의 정보화 사회에서 이루어지고 있는 현상을 어떻게 이해할 것인가.

정보화 사회 예찬론자들은 정보화 사회가 정치·경제·문화·교육 등 사회 전반에 가져올 긍정적인 변화를 예측하고 선전한다. 기술 유토피아론자들은 사람이 기계를 자유롭게 제어하고 활용할 수 있다고 주장한다.

따라서 이 두 가지 주장은 정보화 사회가 통제에 미친 영향에 대해 서로 다른 결론에 이른다. 전자는 정보화가 통제의 강화와 기존 산업자본주의의 완성을 향한 조절 메커니즘의 완성으로 보는 반면 후자는 기계의 동작 체제와 예속으로부터 자유로워지는 해방의 가능성에 주목하게 된다.

정보화 사회에서 통제로부터 벗어나 새로운 자유를 확보할 출구는 존재하는가? 네트에서는 작은 단위로 무수하게 쪼개져 있는 부분들이 모여 전체를 이룬다. 부분들의 결합과 만남에서 새로운 전체가 만들어지고 새로운 성격이 출현한다. 네트는 상호 작용하는 수많은 작은 부분들의 위력을 보여준다. 이것은 커다란 몇 가지 덩어리들이 부분들을 지배하는 수직적 지배 구조가 아니다. 네트는 여러 가지 작은 주체가 모여 수평적인 연결을 통해 커뮤니티를 형성하는 구조이다. 이것은 네트워크형 조직의 특성에서 나오는 것이기도 하지만 무엇보다도 인터넷의 프로토콜에서 연유한다. 이러한 특성은 자유주의와 기능주의적 관점의 근거로 작용한다.

사용자의 권능 강화라는 신화

뉴 미디어가 공동체 성원의 참여를 확대하는 '풀뿌리 네트워크'가 될 것인지, 아니면 권력과 독점 사업체가 연출하는 감시 사회의 '빅 브라더 네트워크'가 될 것인지에 대한 낙관론과 비관론이 교차하고 있다. 그런데 '근거 없는 낙관론'과 '대책 없는 비관론'은 삶에 변화를 촉발할 수 없다는 공통점에서 보면 일란성 쌍둥이이다. '대책 없는 비관론'은 현실 방기인 반면 '근거 없는 낙관론'은 현실 추수이다. 정보 사회에 대해 쏟아지는 '근거 없는 낙관론'과 '대책 없는 비관론'을 어떻게 극복할 수 있을까?

뉴 미디어는 기존의 중앙 집권적인 매스 미디어의 일원적 통제와 지배를 해체한다. 뉴 미디어는 기존의 대중 매체와 달리 사용자의 참여를 확대하고 사용자의 권력을 강화한다. 뉴 미디어는 정보 사용과 정보에 대한 액세스, 소통에 대한 통제권을 누가 갖고 있는가의 문제에 대해 그야말로 혁명에 가까운 변화를 몰고 왔다. 기존의 매스 미디어 모델에서 사용자는 정보의 사용과 대상에 대해 간접적이고 제한적인 권한만을 갖는다. 기존의 미디어 사용자는 언제, 왜, 누구로부터, 어떤 정보를 얻고, 누구에게 정보를 보내는가에 대한 통제권을 거의 갖고 있지 못하다. 정보 전달 내용과 시간 및 전달 의도를 공공 복리라는 명분하에 사전·사후로 검열하는 심의 기관이 존재하는 매스 미디어 시대의 사용자는 정보 소비자에 불과할 뿐이다.

컴퓨터 네트워크의 모델은 이러한 수동적 정보 소비자가 아니라 적극적인 정보 사용자를 만들어내었다. 물론 이러한 특성이 뉴 미디어의 민주적 가능성을 자동적으로 보장하지는 않는다. 영향력 큰 집단과 중간 정도의 영향력이 있는 집단, 그리고 단순히 정보를 찾아 혼자 외롭게 떠도는 정보 사냥꾼에 이르기까지 전자 공간의 새로운 집단 형성과 계층 구분이 이루어질 수도 있을 것이다. 대자본과 사회적 영향력을 갖고 있는 집단이 가상 현실에서도 영향력을 그대로 유지하고 가상 세계 또한 현실 세계의 또 다른 복제판이 된다면 가상 현실이 주는 위안과 해방의 가능성, 전자 공간의 새로운 커뮤니케이션 공간으로서의 의미, 민주적이고 다원적인 새로운 전자 공간의 의미는 성장하기도 전에 사라질 것이다. 뉴 미디어는 엘리트주의에서 평등주의로, 위계적 질서에서 탈중심화된 구조로 변화하는 개인주의적 자유주의의 이상을 실현하는 마당 역할을 할 수 있다. 단, 이에 참여하는 사람들의 적극적인 활동과 실천이 따르는 한에 있어서.

직접민주주의의 신화

"수고하고 무거운 짐진 자들이여 사이버스페이스로 와라.

내가 너희를 편히 쉬게 하리라." 현실 세계의 압제와 불평등에 시달리는 수많은 사람들에게 새로운 복음이 전파되고 있다. 디지털 전도사들은 불철주야로 사이버스페이스의 새로운 시대가 도래했음을 소리 높여 외친다. 그런가 하면 전자민주주의가 직접민주주의의 이상을 실현하리라는 낙관적인 목소리도 들려온다. 디지털 혁명의 사회적 여파가 본격적으로 우리 생활에 파급되기 시작하면서 전자민주주의의 문제가 현실 세계의 타락한 정치에 염증이 난 네티즌의 관심을 끌어모으고 있다.

청와대를 위시하여 여야 정치인들이 정보화 시대의 선도자임을 자랑이나 하듯 앞다투어 PC 통신망과 인터넷에 방을 개설하였다. 그러나 과연 정치인들이 인터넷 홈페이지를 열었다고, 가상 정당이 네트 안에 만들어졌다고, 국회의원이 PC 통신을 사용한다고 전자민주주의가 이루어질까? 아니다. 네트를 기성 정치의 성공을 위한 한낱 보조 수단으로 받아들이는 삼류 정치인만으로는 결코 이루어질 수 없다. 네트의 문화와 활동 방식에 생면부지인 사람이 돈 주고 홈페이지를 개설했다고 진정한 네티즌이 될 수는 없는 노릇이다. 그렇다면 사이버스페이스가 참여민주주의의 새로운 장을 열고 직접민주주의의 열매를 우리에게 선사할 수 있으려면 과연 무엇이 필요할까?

전자민주주의의 가장 기본적인 요소는 '사상과 표현의 자유'이다. '민주주의'란 평등한 참여자들간의 의사 소통 및 결정이 이루어지는 과정과 결과를 말한다. 자유를 추구하는 민주주의의 여정은 개인의 권능을 강화하고 자유의 완성을 향해 아직까지 계속되고 있다. 사이버민주주의는 '컴퓨터로 매개된 의사 소통'을 통해 이루어지는 '공론의 장'으로서 사이버스페이스 안의 민주주의를 말한다.

사이버스페이스는 육체와 물질의 세상이 아니라 마음과 정신, 사상과 생각이 오가는 지식과 정보 네트워크의 공동체이다. 이러한 세상에서 사상과 표현의 자유는 어떤 것과도 맞바꿀 수 없는 생명수이다. 전자프런티어재단(EFF: Electronic Frontier Foundation)의 공동 설립자인 발로John Barlow는 「사이버스페이스 독립 선언문 A Cyberspace Independence Declaration」에서 다음과 같이 말했다. "우리는 인종, 경제력, 군사력, 태어난 곳에 따른 특권과 편견 없이 아무나 들어갈 수 있는 그런 세상을 만들고 있다. 우리는 비록 혼자일지라도 침묵과 동조를 강요당하지 않으면서 누구나 어디에서나 그의 믿음을 표현할 수 있는 그런 세상을 만들고 있다." 발로의 이 말은 전자민주주의의 핵심을 이루는 네트의 자유를 가장 잘 표현하고 있다.

수많은 네티즌이 인터넷의 기본 철학과 이념으로 '제퍼슨의 자유주의'를 내세우는 이유는 제퍼슨이 다른 어떤 것보다도 '사상과 표현의 자유'를 우선시했기 때문이다.

디지털 시대의 권력은 어디로 이동하는가? 과연 거대 권력의 일률적 지배가 무너지고 네트워크로 엮인 개인들의 권능이 강화되어 독립된 주체들의 합의에 기반한 다원적인 민주 사회가 도래할까? 실제로 사이버스페이스가 얼마만큼 권력 이동을 촉진하고 있는가?

강력한 국가 권력에 직면하여 개인의 자유를 수호하려면 새로운 방식으로 사이버스페이스를 이해해야 한다. 가장 확연하게 드러나는 권력 이동의 조짐은 매스 미디어에서 확인할 수 있다. PC 통신은 즉각성과 현장성·양방향성이라는 특성에 힘입어 매스 미디어를 견제하고 이를 대체하는 효력을 발휘할 수 있다. 매스 미디어의 독점적 생산 수단과 유통 구조를 뒤흔들고 미디어 생산-소비자라는 새로운 사용자가 등장한다. 새로운 권력의 씨앗은 '지배' '통치'가 아닌 '협동'과 '나눔'의 평등 사회를 지향한다.

PC 통신의 양방향성은 분명히 정치적 잠재력을 잉태하고 있다. 양방향의 원활한 의사 소통이 이루어지는 사이버 공간에서는 더 이상 독단과 독주의 시나리오는 살아 움직이는 영화를 만들지 못한다. 네트는 우리에게 독백이나 제창이 아닌 협연과 합창이 아우러지는 공간을 기술적인 계기를 통해 마련해주었다.

시민들간의 의사 소통은 민주적 사회를 건설하는 초석이다. 시민 스스로가 쟁점들을 서로 이야기할 수 있을 만큼 충분히 교육받고 그만큼 자유롭다면 시민 스스로가 자신을 다스린다는 민주주의의 이상이 실현될 수 있다. 제퍼슨 민주주의의 이상은 이러한 전제 조건이 갖추어져야 이루어질 수 있다. 단지 비밀 선거로 국회의원과 대통령을 직접 뽑는다고 민주주의가 이루어지지 않음을 우리는 잘 알고 있다. 우리에게 영향을 미치는 사건과 쟁점에 대해 그 진상을 제대로 알아차리고 논의할 수 있을 때 진정한 '공공 영역'이 만들어지는 것이다. 이러한 이상적인 '공공 영역'이 사이버스페이스에서 만들어질 경우 그것을 사이버데모크라시, 혹은 전자민주주의라 부를 수 있을 것이다.

뉴 미디어가 민주주의에 기여하리라는 낙관론은 뉴 미디어가 민주주의에 기여하리라는 현실적 근거를 제시할 수 있어야 한다. 기술론적 유토피아니즘은 기술의 가능성에 낙관론의 뿌리를 둔다. 정보 통신 혁명의 긍정적인 효과에 주목하는 낙관적 기술 신봉자들은 정보화가 민주주의를 확장할 것으로 예측한다. 그래서 전자민주주의라는 새로운 정치 체제의 도래를 꿈꾸고 이를 통한 직접민주주의의 회생을 기원하기도 한다. 양방향 통신의 발달이 직접민주주의의 가능성을 열어주고 민주주의의 내용을 확장하는 수단으로 쓰일 수 있다는 것이다.

전자 정치 *cyberocracy*라는 말은 이보다 중립적인 뜻을 담고 있다. 정보에 의한 통치를 의미하는 사이버로크라시는 그것이 민주주의일지, 독재일지를 구분하지 않는 중립적 개념이다. 단지 정보에 의한 통치와 지배라는 형식적 틀만 제시하는 용어이다. 따라서 사이버로크라시는 민주주의일 수도 있고 독재일 수도 있다. 정보화 사회에서는 정보와 정보를 사용하는 지식이 전자 정치의 권력을 구성하는 지배적 요인으로 작용하게 될 것이다. 그렇다면 누가 권력을 통제하는가? 만약 정보와 지식의 주체가 민주화된다면 이는 전자민주주의의 가능성을 개척하는 결과를 가져올 것이다. 그렇지 않고 정보와 지식에 의한 통제와 지배가 독점되고 제한된다면 이는 정보에 기반한 독재 체제로 진행될 가능성이 높다고 하겠다.

정보와 평등 사회라는 신화

민주주의는 소수의 제한된 참여자에서 전체 국민에 이르기까지 그 참여의 폭을 넓혀왔다. 네트의 민주주의는 '퍼블릭 액세스 *public access*'라는 문제와 직결된다. 네트 안에서는 전자민주주의의 향방을 놓고 여러 집단이 서로 다른 이해를 중심으로 흩어지고 모인다. 전자민주주의에 참여하는 참가자의 수가 제한되거나 인종적·경제적·생물학적 장벽이 쳐져서는 안 된다. 인종과 피부색·남녀·계급과 관계없이 모든 사회 구성원이 평등하게 네트에 참여하여 공론의 장을 함께 만들 수 있을 때 진정한 전자민주주의의 텃밭이 마련되는 것이다.

'사상과 표현의 자유'라는 문제가 자유의 범주에 속하는 문제라면 '퍼블릭 액세스'는 평등의 문제에 속한다. 자유와 평등간의 긴장 관계는 현실 국가의 민주주의를 둘러싼 모순된 대립물로서 이를 둘러싸고 논쟁이 거듭되어왔다. 사이버 스페이스에서 개인의 자유를 중시하는 자유주의적 시각과 퍼블릭 액세스를 강조하는 평등론적 시각이 서로 대립하기도 한다.

네트에는 시장자유주의와 사상의 자유를 내건 자유주의의 이데올로기가 일반화되어 있다. 네트에서는 원자화된 개인의 전면적인 자유가 선포된다. 이에 대한 반론과 비판도 만만치 않지만 네트의 성장은 분명히 개인의 권능 강화에 힘입은 바 크다. 그러나 개체성에 기반한 독립된 주체들간의 수평적 네트워크란 사실상 이상적인 상태에 불과하다. 현재로서는 이런 조건이 특정한 사회 집단 안에서만 이루어질 가능성이 높다. 캐나다의 미디어 연구자인 크로커 Krocker는 '가상 계급 virtual class'이란 용어로 사이버스페이스의 지배 계급을 설정하고 있다. 그는 하이테크 산업에 종사하는 프로그래머를 비롯한 새로운 계층을 '가상 계급'이라 부른다.

반면 새로운 기술로부터 소외된 계층이 네트의 '새로운 프롤레타리아'를 구성한다. 크로커가 말하는 '가상 계급'은 기술에 과도하게 집착하는 하이테크 의존적 부르주아와 프티 부르주아로 구성된다. 미국의 실리콘 밸리를 중심으로 이루어지고 있는 반도체 산업과 컴퓨터 문화는 탈이데올로기의 탈을 쓰고 자유주의의 이데올로기를 전파하고 있다는 진단이다.

이들의 인구 구성은 현재 인터넷의 초기 사용자층을 구성하는 고소득·고학력·전문직 종사자들로 대표된다. 컴퓨터 산업 관련 종사자와 소프트웨어 생산자, 그리고 네트를 통해 전달되는 갖가지 정보와 지식을 포함하여 문화 산업을 이끄는 집단들이 테크놀러지의 해방적 잠재력을 적극 주창한다. 캘리포니아 이데올로기 혹은 가상 계급의 이데올로기로 불리는 이런 입장은 현재 네트의 발전과 관련하여 가장 큰 영향력을 미치고 있다.

현재의 추세를 보면 인터넷이 자유 시장 이데올로기에 의해 침식당하고 있음을 부인할 수 없다. 그래서 사이버스페이스라는 공간이 현실 세계와의 변증법적인 긴장 관계를 놓아버릴 때 개인주의화의 촉매제로 전락할 우려도 항시 존재한다. 그런데 과연 현실 세계와 사이버스페이스 사이에 만리장성이 존재하는가? 현실 세계의 연장이라는 관점에서 보면 사이버스페이스의 독립성은 없다. 이런 맥락에서 볼 때 현실 세계에서는 지식 노동자와 서비스 노동자간의 새로운 사회적 불평등의 문제뿐만 아니라 지식 노동자 안에서의 다양한 계급적·계층적 불평등이 발생할 가능성이 높다. 그러나 사이버스페이스의 실천성을 고수할 경우에는 사이버스페이스의 독립성이 새로운 경제와 문화 창조의 필수적인 조건으로 부각되는 점에 주목할 필요가 있다.

앞으로 정보화의 진전과 더불어 '정보의 독점과 정보의 나눔'이란 문제가 사회적으로 중요한 이슈가 될 수 있다. 정보사회의 불평등은 1) 정보에 접근하는 과정에서 발생하는 불평등과 2) 정보의 사용 과정에서 생겨나는 불평등 문제로 나눠볼 수 있다. 한편 세계적 차원에서는 나라간의 정보력 격차가 야기될 수 있다. 미국의 주도하에 진행되고 있는 글로벌 정보 인프라스트럭처(GII) 구상은 선진국과 후진국간의 정보 격차를 더욱 확대할 가능성이 높다. 지적 재산권 보호와 불법 복제간의 긴장이 선진국과 후진국간의 새로운 무역 분쟁으로 확대될 수도 있다.

단위 국가 안에서는 계층간의 정보 격차와 지역간의 정보 격차가 일어날 수 있다. 계층간의 정보 격차는 기본적으로 계층간의 불평등 때문에 발생하는 것으로서 이 문제에 대한 근본적인 대안 없이 정보의 '보편적 접근'이나 '정보민주주의'를 주장하는 것은 무의미하다.

디지털 경제의 신화

"나에게서 어떤 아이디어를 받은 사람은—마치 내 초에서 불을 붙여가는 사람이 내 초의 불빛을 조금도 흐리게 하지 않고서도 자신의 초에 불을 밝힐 수 있는 것과 마찬가지로— 나의 아이디어를 하나도 해치지 않으면서 그 자신을 가르칠 수 있다"(토마스 제퍼슨이 1813년 맥퍼슨 Isaac McPherson에게 보낸 편지)는 말은 디지털 복제 시대의 저작권 문제에 핵심적인 시사를 던져준다. 케이포 Kapor, 발로 Barlow 등 네트의 자유주의자들이 금과옥조로 삼는 제퍼슨의 사상은 '사상과 표현의 자유'뿐만 아니라 '지적 저작권' 문제에 대해서도 이들에게 해답을 내려주고 있는 것이다.

인터넷은 디지털화된 정보를 전달하는 미디어이자 동시에 서로의 생각과 의사가 교환되는 공동체이다. 디지털로 전환된 정보는 아톰으로 만들어진 상품과는 다른 경제 논리로 이루어지며 인터넷의 시장은 아이디어의 교환을 중심으로 만들어진다. 디지털 경제는 지식과 창조력에 의하여 판가름난다. 인간의 사고와 다양한 아이디어가 만들어놓은 문화가 가장 빨리 디지털로 전환되어 네트에 자리잡는 이유가 여기에 있다.

그런데 디지털 경제에서는 과거 아톰의 경제와 달리 복제 생산에 추가 비용이 거의 들지 않는다. 디지털 복제는 보리떡 다섯 덩어리와 물고기 두 마리로 수천 명을 먹였다는 성서의 기적을 현실에서 이루어낸다.

이러한 자유로운 지식의 유통을 가로막는 장애는 없는가.

있다. 바로 디지털의 자유로운 흐름에 침투해 들어오는 자본과 상품화의 물결이다. 디지털 복제가 지닌 이런 특징 때문에 지적 재산권을 둘러싼 논란이 벌어진다.

디지털 자본주의자들은 지적 재산권의 효력을 네트의 디지털에까지 확장하려고 시도하는 반면 네트의 공동체주의자들은 이에 대해 적극적으로 반대한다. 카피라이트 *copyright* (저작권) 옹호자에 대한 카피레프트 *copyleft* 들의 대항이 만만치 않은 것이다.

카피레프트는 사용자의 사용권에 중심을 둔 입장이다. 지적 재산권과 저작권의 적용을 반대하는 카피레프트는 정보의 공유라는 철학을 내세우며 정보의 상품화 및 독점에 반대한다. 카피레프트의 입장에서 볼 때 정보란 사용을 위한 것이지 상품화의 도구나 개인의 소유를 위한 것이 아니다.

현재 인터넷을 통해 제공되는 정보의 자유로운 사용과 추후에 이를 상용화하려는 경향 사이에 아직까지는 팽팽한 긴장이 지속되고 있는 실정이다. 그러나 중장기적으로 그 가격 수준이 어떠하든 정보 사용료를 지불하는 것이 디지털 시대의 대세가 될 것이다. 이에 대응하기 위해 멀티미디어 서비스로 제공되는 디지털 저작물에 대해 사용자, 사용 시간대, 사용 목적에 따라 아주 세부적인 수준에서 가격 통제와 조정이 이루어질 필요가 있다. 예를 들어 사용자의 수입 정도나 연령·지역에 따라 정보 사용료를 차별화하는 방식, 비상업적 용도와 상업적 용도간의 가격 차별 및 공공 용도 사용의 가격 할인 등 다양한 가격 조정 정책이 마련되어야 할 것이다.

인터넷 정보화의 허상

인터넷이 정보화의 거센 물결을 헤치고 살아남는 노아의 방주처럼 인류의 구원을 보장하는 복음으로 선전되고 있다. 인터넷 전도사를 자처하는 사람과 조직들이 사방에서 우후죽순처럼 머리를 내밀고 있다. 구미디어의 총아인 대형 신문사들이 정보화와 뉴 미디어의 전도사로 발벗고 나서고 있다. 디지털 시대에 살아남기 위한 몸부림인지 몰라도 대부분의 일간지들이 인터넷과 뉴 미디어에 사활을 걸다시피 맹목적인 선전에 앞장서고 있다. 정보화를 구호로 내건 언론 기관은 때로는 전자 유토피아의 환상을 불어넣다가 갑자기 태도를 바꾸어 변화에 뒤지면 낙오자가 된다고 협박을 가한다. 아이는 어르고 어른은 겁준다. 이런 이중적 캠페인은 진정한 정보화를 이루기보다는 맹목적 정보 의존증이나 무기력한 정보 혐오증이라는 의외의 결과를 가져올 수도 있다.

아이들은 컴퓨터에서 그림이 나오고 소리가 들리니까 마냥 즐거울 것이지만 그들이 정보화의 의미를 깨치기에는 우리의 사회 문화적 기반이 너무나도 허술하다. 한편 어른들은 인터넷과 자신의 생활간의 간극을 메우지 못한다. 왜냐하면 정보화가 자신에게 왜 필요하고, 자신이 그것으로 무엇을 할 수 있고, 무엇을 해야 하는가에 대한 명확한 인식 없이 이리 치이고 저리 치이는 형편이기 때문이다.

정보화에 앞서기 위해 어린아이에게 영어와 인터넷을 보급하자는 발상은 허상에 불과하다. 왜냐하면 네트는 하드웨어일 뿐만 아니라 사용자들의 문화이기 때문이다. 초·중·고등학교에 컴퓨터를 보급한다고 해서, 각 학교에 인터넷 홈페이지가 개설된다고 해서 하루아침에 정보화가 이루어지는 것은 아닐 뿐만 아니라 홈페이지 숫자가 곧 정보화를 대표하는 척도도 아니다. 주입식 교육이 여전히 판을 치고 답답하고 꽉 막힌 교육 체제를 유지하면서 홈페이지를 만들어야 무슨 소용이 있겠는가.

인터넷은 마치 하늘에서 떨어진 콜라병처럼 우리 사회의 부시맨들을 어리둥절하게 만들고 있다. 부시맨에게는 콜라병이 온갖 기능을 다하는 만능 물건이지만 현대인에게 콜라병은 콜라병에 불과하다. 인터넷 문화와 공동체 정신을 도외시한 채 오락과 재미 그리고 수단적 효율성만을 강조하는 우리의 현실에서 아이들에게 인터넷을 제공해봐야 정보화의 진정한 효과는 얻어지지 않는다. 딱딱하게 굳은 머리들을 대량 생산해내는 교육 체제가 변화하지 않고서는 인터넷은 여

전혀 신기한 콜라병에 머물 것이다.

인터넷이 활성화되면서 "망하기 싫거든 변해라, 인터넷을 모르면 직장에서 쫓겨날 것이다"라는 말이 사람들의 머리를 무겁게 짓누르고 있다. 많은 사람들에게 인터넷은 심리적 부담과 물리적 짐을 안겨주는 괴물 같은 존재이다. 그들에게 정보화와 인터넷은 무서운 존재이다. 아니 인터넷이 무서운 것이 아니라 인터넷을 빌미로 몰려오는 새로운 현실과 이에 대한 발빠른 적응 요구가 엄청난 부담을 안겨준다. 이러다가는 유나 버머 Una Bomber처럼 문명과 기술이 안겨주는 심적 부담 때문에 인터넷 메일을 통해 폭탄을 전달하는 디지털 시대의 테러리스트가 출현할지도 모르겠다. 평범한 일상을 사는 많은 사람을 디지털 시대의 러다이트로 만들지 않으려면 현재의 겁주기식 정보화 캠페인에서 송두리째 빠져 있는 사람과 공동체를 중심에 세우는 새로운 방식을 추구할 필요가 있을 것이다.

이 혼란의 시대에 진정한 정보화를 이루려면 어떻게 해야 할까. 우리는 인터넷에서 기술과 정보만 보았지 사람에게 눈을 돌리지 못했다. 인터넷을 네트워크로 연결된 갖가지 정보의 집합으로만 보기 때문에 기술적이거나 실용적인 측면에서만 정보화 문제를 대한다. 사람과 공동체를 도외시하기 때문에 인터넷의 주체가 되어야 하는 사람과 공동체를 폭넓게 끌어들이지 못한다. 대부분의 사람에게 새로운 기술은 어렵고 접근하기 힘든 대상이다. 그럼에도 불구하고 기술만을 강조하여 기술 혐오증을 부채질해서는 인터넷과 정보 소통을 활성화할 수 없으며 문화와 사회 저변에 널리 퍼진 새로운 문화의 원동력을 길어올리지 못한다.

우리는 새로운 공동체를 만들고 그를 토대로 네트워크를 엮어 짜는 수평적 디지털 문화 혁명의 진정한 주체를 갖고 있지 못하다. 진정한 정보화와 새로운 커뮤니케이션은 기술이나 하드웨어에 있는 것이 아니라 사람과 문화에 달려 있다. 현실 세계가 억압과 고루함, 권위주의, 구태의연함으로 뒤덮여 있을 경우 네트의 새로움을 기대하기란 힘들다. 따라서 진정한 정보화를 이루려면 무엇보다 먼저 네트의 진정한 뿌리인 우리 삶의 텃밭을 새롭게 갈아엎는 데서 출발해야 할 것이다.

진정한 해커를 고대한다

 정보화 시대의 진정한 해커는 누구인가? '사이버펑크'는 과연 우리 사회의 앞날을 여는 새 시대의 향도인가? '빌 게이츠'와 '리처드 스톨먼'이라는 두 사람의 대비되는 삶을 통하여 우리 시대의 진정한 해커상을 그려보자.

 많은 사람들이 해커라 하면 한국을 방문하여 국빈 수준의 대접을 받았던 빌 게이츠의 젊은 시절을 머리에 떠올린다. 그의 신화는 법률 전공 컴퓨터 업자의 소프트웨어 저작권이라는 기발한 착상에서 비롯되었다. 변호사를 아버지로 둔 하버드 법대 중퇴생은 남들이 별로 주목하지 않던 정보의 상품화에 눈을 돌렸다. 그가 정보를 돈이 되는 장사와 연결하지 않았던들 오늘과 같은 마이크로소프트사는 없었을 것이다. 그는 최근 자회사를 만들어 전세계 미술관이 소장하고 있는 작품의 디지털 권리를 사들였다. 인터넷의 대중화로 열리기 시작한 새로운 정보 유통 시장의 고지를 또 한번 선점하려는 것이다. '정보 자본주의자'의 전형인 그가 뭇 사업가의 시샘을 받은 것은 당연하다.

그러나 '리처드 스톨먼'이라는 우리에게 별로 알려지지 않은 또 한 사람의 전혀 다른 삶이 있다. '정보 사회주의자'로 자처하는 '최후의 진정한 해커'인 이 사람은 MIT에서 컴퓨터 프로그램을 전공하였다. 그는 '무상 소프트웨어 재단 Free Software Foundation'을 만들어 정보 공유에 주력하고 있다. 스톨먼이 만든 GNU는 소프트웨어의 소스 공개와 정보 공유를 위주로 보편 서비스의 이상을 구현하고 있다. 빌 게이츠보다 서너 살 위인 그는 몇 년 전 과학기술원의 초청으로 우리나라를 방문하였다. 그에게 어떻게 생계를 유지하느냐고 걱정스럽게 물었더니 "한 달에 하루이틀은 먹고 살기 위해 일한다"며 부끄러워했다고 전해진다. 그의 자유로운 삶의 자세와 철학 앞에서 새삼스레 얼굴이 뜨거워진다. 관료주의와 정보 독점에 대한 철저한 반대, 그리고 모든 정보를 자유롭게 유통시켜야 한다는 그의 해커 윤리는 '컴퓨터를 상아탑이나 대기업의 연구실에서 해방시켜 모든 인간에게 봉사하도록' 만들려는 철저한 믿음에서 출발한 것이다.

정보화 시대의 억만장자 빌 게이츠와 빈털터리 무정부주의자 리처드 스톨먼의 대비되는 삶의 방식에서 우리는 정보 시대의 진정한 해커의 윤리가 무엇인가에 대해 다시 한번 생각하게 된다. 해커, 혹은 사이버펑크가 도덕주의에 빠질 리 없지만 대안적 문화의 선도 주자로서, 사이버스페이스의 프런티어로서, 우리 시대의 진보적 집단으로 자기의 자리를 잡으려면 새로운 사고와 윤리로 무장해야 하지 않을까 생각한다.

지적 재산권과 프라이버시

프라이버시 대 지적 소유권

지적 재산권에 대한 복제 사용자들의 무신경과 프라이버시에 대한 소프트웨어 회사의 경솔함이 합작으로 만들어낸 정보시대의 '웃기는 짜장' 같은 사건이 일어났다. 디지털 시대의 '불법 복제'와 프라이버시 문제에 관해 심히 우려할 만한 사건이 벌어진 것이다. 컴퓨터 통신을 하려면 통신용 에뮬레이터가 필요하다. 아마 '이야기'는 가장 많은 사용자가 쓰고 있는 통신용 프로그램일 것이다. 대학생들의 공개용 프로그램에서 시작하여 상업용 프로그램 회사를 만든 '큰사람'이 주식회사로 탈바꿈한 후 이야기 7.3 윈도우 버전을 시중에 내놓았다. 학교 동아리에서 출발한 공개 소프트웨어가 상업용 소프트웨어 회사가 출시한 상품으로 바뀐 것이다. 대부분의 프로그램은 처음에는 공개용으로 사용자를 확보하다가 어느 정도 사용자의 폭이 넓어지고 세간의 평가를 받게 되면 서서히 상품화의 길을 걷는다. '훈글'이 그랬고 '이야기'도 그뒤를 밟고 있다.

사건은 컴퓨터 활용 전문지인 모 사가 이야기 7.3 평가를 의뢰하면서 시작되었다. 우연히 평가용 소프트웨어를 손에 넣은 어떤 간 큰 사람의 지나친 공유 정신 덕택으로 이야기 7.3이 PC 통신망 나우누리에 올려지자 1만 명 이상이 이야기 7.3을 복제했다고 전해진다. 이러한 사실은 '큰사람컴퓨터주식회사'가 자체 통신망인 이야기 네트를 통한 온라인으로 고객 등록을 받았기 때문에 적나라하게 드러났다. 이야기를 설치하려면 고객 등록 메뉴가 나타나 이름, 주민 등록 번호, 사용자 번호 등을 쳐넣어야 한다. 시키는 대로 따라 하지 않으면 프로그램이 제대로 설치되지 않으리라는 생각에 순진한 (?) 복제자들은 실제 구입자가 아니면서도 '떳떳하게' 고객 등록을 하는 어처구니없는 일이 일어났다. 이로 인해 동일한 하나의 사용자 번호로 무려 2,000명의 사용자가 등록하는 희한한 사태가 벌어진 것이다.

그러나 정작 더 큰 사건은 그 다음 일을 처리하는 과정에서 일어났다. '큰사람'이 큰사람답지 않게 이들 온라인 등록자들을 검찰에 고소하여 2,000여 명에 대한 수사를 진행시킨다는 것이었다(그러나 실제로 고소나 수사는 진행되지 않았다). 전자 정보 시대의 불법 복제와 개인의 프라이버시 문제에 대해 경종을 울려주는 사건이 아닐 수 없다. 고객을 지원한다는 명목으로 접수한 개인의 신상 정보가 그 사람을 고소하는 소명 자료로 쓰이는 얼토당토않은 일이 현실로 나타날 뻔한 것이다. 물론 상업용 제품을 복제하였으니 그 복제자는 지원해야 할 고객도 아니고 그런 사람의 프라이버시보다는 회사의 권리가 더욱 중요하고 먼저 보장되어야 할 것이라 강변할 사람이 많을 것이다. 그러나 문제는 그렇게 간단하지 않다.

통신선을 통해 오가는 정보 가운데서 특히 개인의 신상과 관련된 정보는 마음대로 전용해서는 안 된다. 잠재적 고객, 혹은 자사의 프로그램을 애용하고 있는 사용자를 범죄자로 만들어 그들의 신상 정보를 전용하는 태도는 눈앞의 이익에 눈이 가려 더 큰 손해를 스스로 불러일으키는 미련한 짓이다.

비트 도둑질과 아톰 도둑질

아톰 *atom* 을 도둑질하자면 남이 갖고 있는 물건(혹은 상품으로 팔리는 물건)을 훔치는 물리적인 행위가 뒤따라야 한다. 그리고 그 물건을 누가 훔치면 다른 사람에게 팔 수 없기 때문에 판매자의 입장에서는 그만큼 손해가 난다. 비트 *bit* 도둑질(이른바 불법 복제를 이렇게 불러보자)에서는 남이 소유하고 있는 물건에 전혀 손을 안 대도 된다. 그것은 그 비트에 대한 자신의 법적 권리를 주장하는 사람의 배타적 권리를 무효화시키는 권리 도둑질이다. 이번에 예로 든 이야기 7.3 복제의 경우 통신 복제 때문에 '큰사람'이 입은 아톰 세계의 피해는 하나도 없다. 원료가 없어진 것도 아니고 매뉴얼을 도둑맞지도 않았다. 자사 소유의 물건은 하나도 손실되지 않았다. 그러나 그들은 가장 큰 것을 잃었다. 내일의 돈과 큰사람의 큰마음을 잃었으며 내일의 돈을 미리 도적맞은 꼴이 되었다. 회사 관계자는 몇억 원의 수입이 날아갔다고 개탄했다 전해진다. 들어올 돈이 안 들어오게 된 것이지 있는 돈이 없어진 것은 아니지만 어쨌거나 회사의 입장에서 보면 내일의 돈과 오늘의 돈, 어제의 돈은 결국 돌고 도는 것이니만큼 그 피해의 충격이 결코 작지 않음을 쉽게 가늠할 수 있다. 바로 이 점이 결국 디지털 도둑도 도둑이라 주장할 수 있는 업자 측의 논리가 되는 셈이다. 그러나 소비자의 프라이버시를 그처럼 가볍게 전용해서야 어찌 디지털 시대의 상도덕을 주장할 수 있는가?

'큰사람' 은 잠재 소비자의 사적 정보를 가볍게 취급하여 큰 마음을 잃었다. 아마 이야기를 복제한 수많은 사람들은 다른 누구보다도 이야기를 많이 사용하는 골수 사용자들일 것이다. 이들은 이야기 프로그램의 최대 잠재 소비자인 것이다. 그렇다면 큰사람은 자신들의 고객이 될 잠재 소비자를 범죄자로 검찰에 고발하려 했던 격이 된다.

'큰사람' 은 비트 도둑이 돈자루에 낸 구멍에 흥분하여 사용자의 사적 정보를 도둑질한 것은 아닌가? 개인의 신상에 관련된 정보는 원래의 목적에 맞게 정당하게 사용되어야 한다. 미래의 돈을 그들이 지불하지 않았다고 그들을 도둑으로 몰아서는 곤란하다. 더구나 소비자 보호 용도로 얻게 된 정보를 정당한 용도 이외의 목적으로 사용하는 것은 용도 변경이라는 엄연한 정보 도둑질인 것이다.

이미 엎질러진 물이요 돌이킬 수 없는 사건이지만 이 사건을 타산지석으로 삼아 우리가 얻을 비트 복제 시대의 교훈은 무엇일까?

인터넷과 지적 재산권

소프트웨어 산업의 활성화를 위해 불법 복제가 근절되어야 한다는 데 특별한 이견을 갖고 있는 사람은 많지 않을 것이다. 그리고 소프트웨의 상업화에 덮어놓고 반대할 이유도 없다. 그러나 비트 시대의 지적 재산권 문제에 대해서는 신중하게 고민할 필요가 있다.

상용 소프트웨어야 애당초 상품으로 출시된 것이고 저작물이라기보다는 산업 생산물에 가까운 것이기 때문에 이의 법적 보호에 대한 문제는 비교적 간단히 합의에 도달할 수 있다. 그러나 인터넷을 통해 주고받는 정보까지 상품화하려는 미국의 의도는 디지털 사회의 앞날에 검은 그림자를 드리우는 불길한 징조가 아닐 수 없다.

앞으로 전체 경제에서 정보 산업이 차지하는 비중과 역할이 증대됨에 따라 디지털화된 정보의 유통이 엄청나게 늘어날 것으로 보인다. 특히 디지털화된 정보가 상품화되는 속도에 따라 디지털 저작권 문제가 앞으로 1~2년 간의 가장 핵심적인 이슈로 떠오를 것이다. 미국은 NII와 지적 재산권간의 관계를 재조정하면서 디지털화된 자료와 정보에 대한 저작권 보호에 열을 올리고 있다. 그들은 국가적 차원의 헤게모니를 강화하고 저작권 산업체의 권익을 미리 확보하기 위해 법적 차원에서 본격적으로 작업을 펼치고 있다. 앞으로 정보 고속도로를 통해 전달될 엄청난 규모의 정보 사용에 통행세와 사용료를 물리고 이러한 정보의 교환을 상업화하여 전체 경제에서 정보가 차지하는 중요성만큼 돈을 벌어보자는 발상이다.

이러한 동향을 살펴보기 위해 마이크로소프트사의 경우를 보자. 그들은 각종 디지털 복제권을 사들이고 인터넷의 주도권을 잡기 위해 브라우저를 공짜로 쥐약처럼 풀어놓고 있다. 이미 마이크로소프트사는 앞으로 전개될 멀티미디어 서비스에 대비하여 세계 유수의 박물관에 소장되어 있는 예술 작품의 디지털 복제 사용권을 사들이기 시작했다. 이것은 앞으로 전개될 멀티미디어 정보 서비스에 대한 적극적인 포석이다. 1980년대에 소프트웨어(DOS)의 저작권이라는 법적 권리를 통해 엄청난 돈을 벌어들인 마이크로소프트사는 향후 전개될 멀티미디어 서비스에서 디지털 저작권이라는 법적 권리를 십분 활용할 것이다.

1970~1980년대 초반에 자신의 법률 지식을 최대한 활용

하여 소프트웨어 저작권의 시대를 열어 엄청난 부를 축적한 빌 게이츠는 1990년대 중반에는 윈도우즈를 통해 세계 소프트웨어 시장의 왕자로 자신의 위치를 확보하였다. 이제 다가오는 21세기의 문전에서 그는 정보 고속도로를 달릴 네트워크와 그 내용에 대한 저작권을 적극 도입하여 그야말로 디지털 시대의 저작권을 활용한 제2의 도약을 꿈꾸고 있다.

카피레프트와 큰 도둑

전자프런티어재단(EFF)의 공동 설립자인 존 페리 발로 Barlow는 「사이버스페이스 독립 선언문」에서 "우리의 세계에서는 인간의 마음이 만들 수 있는 모든 것이 복제되고 아무런 비용 없이 무한히 배분될 수 있다"고 말했다. 발로는 록 그룹 그레이트풀 데드의 작사자였는데 이 히피 록 그룹을 이끌던 제리 가르시아는 자신의 공연을 카세트 테이프에 무료로 복제하는 것을 허용하였다. 이러한 히피의 공유 정신은 디지털 시대에 발로에게 이어졌다. 그는 정보의 공유를 위해 지적 재산권의 원인 무효를 강력하게 주장한다. 확실히 인터넷에는 상품화를 거부하는 히피의 피가 흐르고 있다.

PC 통신과 인터넷은 정보의 공유와 나눔을 자신의 존재 의미로 여기는 새로운 마인드를 퍼뜨린다. 때로는 이번 이야기 사건처럼 나눔의 정신이 흘러넘쳐 상용 프로그램까지도 통신망에 올리는 열성 정보 공유자도 출몰한다. 그런데 정보의 공유와 나눔은 인터넷의 기본 정신이다. 네티즌들은 자기 생각에 동조하고 격려를 보내주는 사람을 네트에서 만나는 즐거움 하나만으로 온갖 자료와 정보를 기꺼이 공유하는 것이다.

그런데 과연 지식에 대한 배타적 권리가 성립하는가? 자신의 지식이 자신만의 것이라고 주장할 수 있는 근거는 어디에 있는가? 지식에 대한 배타적 권리를 포기하고 공유의 정신을 따르는 순간 네트에는 온갖 지식의 자유로운 유통이 이루어질 것이다. 나의 속마음은 디지털 정보 곳간의 문을 활짝 열어제칠 큰 도둑을 부르고 있다. 네트의 임꺽정을 고대하면서 이 글을 마친다.

디지털 문화

디지털 복제 시대의 문화

디지털 문화와 일상 생활

 디지털 문화는 디지털 정보 통신 혁명이 일상 생활 곳곳에 영향을 미치면서 이루어지는 새로운 문화이다. 디지털 정보 통신 기술은 문화의 생산과 소비, 유통 구조를 포함하여 일상 생활에 커다란 변화를 몰고 온다. 문화의 형식적인 측면에서는 1) 양방향성, 2) 하이퍼텍스트 *hypertext*, 3) 멀티미디어 *multimedia* 라는 특성이 부각되는 한편 내용적인 차원에서도 여러 가지 변화가 이루어진다.

 새로운 기술이 일상 생활의 장으로 파고들면 문화도 변화하게 된다. 산업자본주의 시기의 자동차는 단순한 교통 수단에 그치지 않고 일상 생활의 풍경과 생활 방식을 바꾸는 문화적 영향을 미쳤다. 맥루언은 미디어의 파급 효과를 기술적인 차원이 아니라 미디어 자체의 형식 차원에서 해명하였다. 그는 기계와 미디어를 인간의 확장으로 보았다. 자동차·카메라가 발과 눈의 확장이라면 컴퓨터와 네트워크는 두뇌와 신경망의 확장인 셈이다.

그렇다면 네트를 통해 만들어지는 사이버 문화는 우리에게 어떤 새로운 감각 체험을 가져오는가? 디지털 복제를 통해 이루어지는 네트의 문화는 어떤 아우라 *aura* 를 불러일으킬까? 네트를 통해 새로운 문화가 형성될 수 있는가? 이 글에서는 이러한 의문점에 대해 몇 가지 실마리를 찾아보려 한다.

디지털 매체가 갖는 '높은 상호 연결성' '미디어 융합' '하이퍼텍스트'와 같은 형식적 특성은 사람들의 감각 체험을 바꾸어놓는다. 네트의 이러한 형식적 특성은 모니터를 통해 전개된다. 모니터는 인간과 컴퓨터 네트워크를 서로 매개하는 역할을 담당한다. 모니터라는 인터페이스는 텔레비전 화면과 쌍둥이이다. 컴퓨터 모니터는 가까운 거리에서 볼 수 있고, 화면의 정세도가 높고, 화면의 통제권을 개인이 전면적으로 갖고 있다는 특성을 갖는다.

물론 텔레비전도 혼자 시청하는 경우가 많지만 텔레비전이 놓일 가장 적합한 장소는 거실이지 개인의 작업대가 아니다. 독자적 사용자로서 모니터를 대면하는 개인은 가족이란 틀에서 공동 시청을 하는 대중 사회의 가족적 집합체가 이미 아니다. 그들은 작업대의 모니터를 주체적으로 마주 대하고 있다. 시청자의 '미디어 직접 주체 대면성'과 '통제의 개인성'이란 특징은 미디어 공간을 개인화하고 주체화하며 파편

화한다. 컴퓨터 네트워크가 활성화되면 텔레비전 공시청이
란 공동 체험은 컴퓨터 모니터의 사적 체험 공간으로 대체된
다. 고립된 주체 공간이란 측면에만 주목할 경우 컴퓨터 모
니터는 개인의 고립성을 산업 사회의 텔레비전보다 더욱 촉
진할 것이다.

그러나 이러한 고립된 주체들이 네트를 통해 서로 연결된
다는 적극적 차원의 패러다임이 동시에 공존한다. 컴퓨터 모
니터 앞에 앉은 고립된 개체들은 네트를 통해 서로 만나 주
체적 사용자들의 상호 연결을 통하여 소통의 그물코를 짠다.
네트에서는 '상호 연결성'을 통해 개별적인 개체간의 관계
가 형식적으로 확보되는 것이다.

이러한 개체성의 확보에 힘입어 미디어에 대한 주체의 적
극적인 개입과 참여가 이루어진다. 그렇다면 새로운 감각 체
험은 어떤 문화적 변화를 가져올까? 네트의 양방향성과 하
이퍼텍스트, 멀티미디어에 관한 논의를 통하여 디지털 문화
의 새로운 형식과 그 가능성을 밝혀보자.

네트와 새로운 감각 체험

1) 양방향 미디어와 주체의 개입

모든 미디어는 완결된 형태로 메시지를 전달하며 이때 교
환되는 메시지는 서로 연결되어 있다. 네트의 메시지(정보)
들은 원인과 결과를 주고받거나 상대에 대한 실마리를 제공

하거나 혹은 단순히 병립하거나간에 서로 어떤 관계를 빚어낸다.

이와 같은 비선형적인 패러다임에서는 전달자와 수신자의 상호 작용이 활발하게 이루어진다. 네트의 수신자는 단순한 수동적 수용 기구나 반응체에 머물지 않는다. 수용 이론에서 관객이나 독자의 문학 작품에 대한 반작용과 개입이 논의된 바 있으나 이것은 하이퍼텍스트 기반 양방향 커뮤니케이션에서 특히 본격적으로 이루어진다. 네트에서는 예술 작품이 관람객의 지각과 수용에 영향을 미치는 반면 관객의 반응이 예술가의 작업에 곧바로 영향을 미친다.

네트상의 메시지와 정보는 완료형이 아니라 진행형으로 존재한다. 그것은 고체성의 완결물이 아니라 움직이고 운동하면서 액체 상태를 유지한다. 모든 일방적 매체는 '동사의 완료형'으로 이루어진다. 이것은 곧 고형화된 명사형의 단언적인 명제, 혹은 타자의 개입을 용납하지 않는 부동의 완료 형태로 제시된다. 그래서 수신자는 송신자가 보낸 메시지에 개입할 수 없다. 일방향적인 미디어에서는 송신자의 손을 떠난 일방적인 관계, 그리고 작가의 의도→관객의 반응이라는 단선적인 인과 관계만을 남겨놓는다. 이에 반해 양방향의 소통 구조가 열려 있는 네트에서는 송신자와 수신자의 소통 구조가 단선형으로 이루어지지 않는다. 물론 일방적인 선형 논리를 그대로 빌려와서 닫혀진 텍스트 형태로 단언문을 그대로 걸어놓고 타자의 개입과 반응을 위압적으로 막아버리는 기존의 단선적 형태도 많이 있다. 그러나 그것은 네트의 새로운 미디어 형식에 적합하지 않다. 오래된 형식과 구태의연한 내용의 결합은 새로운 형식을 고루화하는 결과만을 가져올 뿐이다.

네트의 양방향성은 문화의 역동성과 연속성, 열린 의사 소통을 통한 집합적 창조라는 새로운 문화적 가능성을 우리에게 열어준다. 물론 이런 가운데 표절과 무단 복제, 짜깁기 등 진정함과 신중함을 상실한 또 하나의 소외된 자아 상실의 포스트모더니즘판이 창출될 가능성도 존재한다. 모더니즘에 쏟아졌던 리얼리즘 계열의 숱한 비판이 이러한 네트의 새로운 문화에 그대로 적용될 수 있다.

2) 하이퍼텍스트와 비선형 논리

거미줄처럼 퍼진 네트워크를 통해 여러 개체들이 엮어지는 웹은 그 특성상 하나의 독립된 정보를 전송하는 데 머물지 않는다. 네트의 정보들은 다른 '웹 사이트 *web site*'와 하이퍼텍스트로 연결되어 있다는 특성을 지닌다. 네트의 하이퍼텍스트는 변증법의 '상호 연관성'의 법칙을 체현하고 있다. 하이퍼텍스트를 따라 글과 말·영상의 엇물림을 쫓아가다 보면 단선적 인과 관련의 고리에서 벗어나게 된다. 서로 연결되는 막다른 골목에 도달하지 않는 한 여러 방향으로 연결고리가 번져나가기 때문에 선형적인 인과 연관을 일률적으로 맺기 힘들다. 그러나 하이퍼텍스트의 텍스트간 연관, 혹은 텍스트와 말·소리·그림·동영상간의 상호 연관이나 연계가 반드시 논리적인 필연성을 지니는 것은 아니다.

오히려 연결의 느닷없음과 비일관성, 도약이 이루어질 때마다 새로운 형식의 강력한 미디어 효과가 발휘된다. 상호 연관이 이루어지기 어려운 지점에서 맺어지는 서로 다른 텍스트의 결합은 도식적 사고에 쐐기를 박음과 동시에 고루한 인식 구조와 지각에 급작스런 충격을 안겨준다. 지적 도약이나 정서적 충격이 이루어지는 지점은 바로 서로간에 질적 연관성이 없다고 생각된 부분간의 상호 연관일지도 모른다. 이것이 하이퍼텍스트가 일상적 사고에 던지는 충격이자 도발이다.

마치 몽타주가 여러 가지 짧은 영상을 시간적 프레임에서 순차적으로 보여줌으로써 상관없는 것으로 인식되었던 부분간의 새로운 관계를 일거에 도발적으로 제시하는 것처럼 하이퍼텍스트 또한 느닷없음과 비상식적 상호 연계의 매듭을 통해 지각과 인식에 충격을 가한다. 이러한 느닷없음과 비인과적 정보의 의도적 상호 연계가 하이퍼텍스트라는 미디어의 형식적 강점을 이룬다. 이것이 인터넷이라는 다수의 개체 사용자를 갖는 상호 연결망에서 이루어질 경우 느닷없음의 충격은 더욱 증폭된다. 내가 전혀 알지 못하는 장소의 엉뚱

한 정보와 갑자기 만나거나 생면부지의 사람과 뜬금없이 조우하는 느닷없음은 엄청난 신비함과 새로움을 던져준다. 바로 이 점이 새로운 대안 매체로서의 가능성을 부여하는 부분이기도 하다.

이러한 하이퍼텍스트의 감각 체험적인 효과는 매체 내재적이기 때문에 지각하는 당사자가 의식적으로 형식의 효과에 주목하지 않아도 매체 형식을 통하여 자동적으로 영향을 미친다. 내용의 상호 연관은 이런 형식적 맞물림과 느닷없음 없이는 이루어지지 않는다. 이러한 하이퍼텍스트의 특징은 브레히트 Brecht가 말한 '소격 효과 *Verfremdungseffekt*'를 불러일으킨다. 내용의 상호 연관을 진지하게 따져묻는 선형 논리의 틀의 벗어나 열려진 인과 관련의 세계에서 물상화하지 않고 일상에 매몰되지 않은 새로운 지각 체험과 인식의 지평을 모색할 가능성이 전개되는 것이다.

그러나 이러한 비판적 인식의 가능성은 아직까지 의도적으로 추구되거나 검증이 이루어진 부분은 아니다. 반동적 내용이 느닷없이 네트가 지닌 형식적 특징을 내용의 고루함 속으로 포섭할 가능성도 있고, 새로운 형식 실험이란 미명 아래 형식이 내용과의 정밀한 결합 없이 막무가내로 이루어질 경우 파편화된 인식의 짜깁기, 따붙인 감각의 누더기만을 양산할 가능성도 충분히 존재한다.

3) 멀티미디어와 모자이크식 총체성

네트가 지닌 또 하나의 형식적 특성은 멀티미디어에서 잘 드러난다. 멀티미디어는 음성 정보와 시각 정보를 동시에 전달하는 미디어로 정의된다. 따라서 시청각 복합체를 멀티미디어로 파악하는 것이 일반적인 경향이다. 그러나 멀티미디어는 미디어의 복합에 그치는 것이 아니라 새로운 미디어로서 그 자체가 하나의 새로운 형식을 갖고 독특한 내용을 전달하는 온전하게 새로운 미디어이다. 멀티미디어는 종래의 미디어를 분야별로 결합한 절충형이나 복합 형태가 아니다. 분리된 감각의 재통합, 혹은 통일 감각의 회복이 멀티미디어가 제공하는 감각 체험의 효과이다.

이러한 멀티미디어는 구어·문어·영상·음성 등 각기 다른 미디어 형태를 동시에 사용하거나 조합을 바꾸면서 사용할 수 있다. 또한 웹은 기존에 개별 미디어로서 각기 독립된 형태를 지니고 있었던 사진·회화·신문·텔레비전·라디오라는 여러 미디어를 모자이크식으로 짜붙이거나 결합할 수 있다. 곧 웹은 '미디어의 모자이크,' 혹은 '결합된 미디어'의 역할을 감당한다.

지금은 여러 가지 웹 브라우저 *web browser* 가 사용되고 있지만 하이퍼텍스트 브라우저의 원조는 모자이크 Mosaic라는 것이다. 모자이크는 하이퍼텍스트 시대의 짜맞추기 문화를 상징하는 은유이다. 중세 사원의 모자이크가 서로 다른 여러 색깔의 유리 조각을 짜맞추어 하나하나의 유리 조각과는 별개의 독자적인 형상을 만들었듯이 현대판 모자이크는 네트워크로 연결된 수많은 컴퓨터 속의 자료와 정보를 끌어모아 자기만의 작품이나 데이터베이스를 마치 그림 조각 맞추기 하듯이 하나둘씩 만들어나간다. 바로 이 점이 현대판 모자이크가 중세의 조합적인 짜맞추기 문화와 유사한 부분이다. 중세학자이자 기호학자인 이탈리아의 에코는 중세 문화의 모자이크와 현대 문화간의 유사성을 놓치지 않는다. 그는 현대 문명에서 되살아나는 중세의 환상을 본다.

'중세 문명이 시각 문명'인 것처럼 네트 문화도 시각을 기축으로 이루어진다. 네트의 하이퍼텍스트는 '체계적인 문화가 아닌 추가적으로 이리저리 꿰어맞추는 문화'를 조장한다. '수집과 발명에 대한 편애'가 창궐하는가 하면 중세 연금술과 현대의 정보 사냥이 일맥상통하는 메타포를 함유하고 있는 것도 사실이다.

그런데 모자이크식 짜맞추기를 통한 새로운 현실의 구성과 이를 통해 이루어지는 파편적·분산적 정보의 모자이크식 총체성은 '디지털 복제'라는 메커니즘 때문에 가능하게 된 것이다.

1930년대에 벤야민 Benjamin은 당대의 특징을 '대량 복제사회'로 지적한 바 있다. 미국을 중심으로 대량 생산-대량 소비 체제가 싹트기 시작하여 '아메리카적 생활 양식'이 미

디지털 복제 시대의 문화 85

국인의 생활을 주도하게 된 시점에서 벤야민은 '기계 복제'라는 규정을 통하여 '대량 생산-대량 전달-대량 소비'의 포디즘적 생산 양식이 갖는 특징을 갈파하였다.

1930년대의 과학 기술과 상품 생산 방식, 소비 방식, 그리고 21세기를 눈앞에 바라보는 1990년의 방식간에 현격한 차이는 무엇인가? 전자 복제 사회의 복제 기술은 아날로그 복제와 디지털 복제 두 가지 방식이 있는데 다품종 소량 생산의 탈산업 사회 시대가 되면 과거의 아날로그 복제에서 디지털 복제로 무게중심이 움직이게 된다. 이에 따라 대량 복제의 내용과 형식이 변화하여 단순 대량 복제는 점차 의미를 상실하게 된다. 주체의 개입과 참여가 보장되는 새로운 디지털 복제 시대의 막이 열리기 시작한 것이다.

디지털 복제로 대표되는 현대 정보 시대의 복제는 1) 주체(사용자)의 적극적 개입, 2) 의사 소통의 양방향성, 3) 미디어 복합이라는 특성을 갖는다. 컴퓨터와 커뮤니케이션의 결합 *computer and communication*을 통해 이루어지는 복제는 단순 복제가 아니라 정보의 가공-활용과 연관하여 이의 처리 과정에 주체가 개입하여 일방적 전달이 아닌 서로간의 의사 소통, 주고받음이라는 상호 연관된 복제 형식을 갖는다. 이는 대량 생산-대량 소비-대량 전달의 포디즘적 기술 체제를 한 단계 뛰어넘는 것이다.

그러면 1930년대의 벤야민이 보여준 복제 시대에 관한 통찰을 통해 디지털 시대의 복제와 예술의 앞날과 그 의미를 조망해보도록 하자.

디지털 복제의 아우라

1) 기계 복제와 디지털 복제

벤야민은 기계 복제가 원본 예술품의 아우라를 앗아간다고 지적한다. 아날로그 복제품은 확실히 원본이 지닌 독특함과 진정성의 상실로 아우라를 지니고 있지 않다. 고대 조각을 흉내낸 키치를 비롯하여 유원지에서 찾아볼 수 있는 예술품의 복제품들은 분위기 없는 저질 판박이에 불과하다. 그러나 19세기말에 등장한 사진은 원래부터 복제의 예술이었다. 이와 마찬가지로 판화는 원본이 판화이기 때문에 대량 복제품과 원본의 구분이 무의미하다.

그 밖에 비디오·음반 등도 아날로그로 대량 복제되어 대중에게 공급된다. 원판과 해적판의 질적 차이는 있지만 새로운 대중 문화의 전달자로 우뚝 선 대량 생산-대량 소비의 대중 예술품은 벤야민이 지적한 아우라의 손상을 그다지 입지 않는다.

아날로그 복제품도 사정이 이럴진대 사태가 디지털 복제품에 이르면 이야기가 완전히 달라진다. 복제에 따른 아우라의 상실은 더 이상 디지털 복제품에는 적용되지 않는다. 왜냐하면 디지털은 원판과 복제본간의 아무런 차이가 없기 때문이다. 0과 1의 정보로 구성된 디지털 산물은 그것이 디지털 그림이든, 음향이든, 텍스트든 원본과 복제품간에 아무런 차이도 없다.

디지털 그래픽은 애당초 자신만의 독특한 분위기를 지니고 있다. 디지털 복제품은 원색 모니터에 어울리는 자신의 아우라를 갖고 있다. 비트의 복제가 간편하게 이루어지면서 디지털 복제와 변형은 현대 포스트모던 예술의 새로운 지평을 열어놓게 된 것이다. 물론 복제와 변형이 쉽게 이루어짐에 따라 표절과 모작이 손쉽게 이루어지고 있는 것도 사실이다. 그러나 예술의 대중화와 창작 주체의 확산이라는 측면에서 디지털 복제가 몰고 올 엄청난 지적 혁명의 가능성이 엿보인다. 아날로그 복제는 대부분 아톰의 복제이다. 아톰의 복제에는 복제 기술에 시간과 노력이 들어가고 비용도 만만찮다. 그래서 아날로그 복제품은 그 자체로 상품으로 팔린다. 그러나 디지털 복제품의 생산에는 거의 비용이 들지 않는다. 그리고 복제 기술도 그다지 대단한 것이 못 된다. 또한 디지털 복제는 대부분 마음의 창조물 곧 지적 생산물이라는 특성을 갖는다. 이 점이 아날로그 복제와 디지털 복제를 갈라놓는 지점이다.

아날로그 복제에서 디지털 복제로 이행하는 것은 산업 사회에서 정보 사회로, 포디즘에서 포스트포디즘으로 변화하는 폭과 깊이에 비례한다. 포스트모더니즘의 예술적 도구는 상당 부분 디지털 복제와 컴퓨터 혁명, 네트 혁명과 궤를 같이한다.

아날로그 복제가 사용의 배타성과 일회성을 갖는 포디즘적 대량 생산의 산물이라면 디지털 복제는 포스트포디즘식 수시 대량 복제이다. 디지털 복제는 필요시 수시로 복제가 가능하고 사용의 공유성과 복수성·가공성을 보장한다. 디지털 복제는 성서의 '물고기 다섯 마리와 보리떡 두 덩이'의 설화를 새로운 경제 논리와 소비 형태로 실현한다.

그렇다면 디지털 복제 시대의 문화는 어떤 특성을 갖게 될까? 원작품의 고유한 분위기와 진정성은 복제품의 표준화된 분위기와 가상성으로 환치된다. 그런데 예술 작품 가운데도 애당초 복제 대량 생산을 염두에 두고 만들어지는 것들이 있다. 판화나 구어 전승은 복제본 자체가 원본이다. 특히 구어 전승의 경우 반복되는 이야기 자체가 새로운 창조 전승 과정을 통하여 해당 시기의 역사성과 현실성을 부여받는다. 이런 과정을 통해 대량 생산·대량 유통의 틀을 거치더라도 원래 가지고 있던 아우라가 복제본에도 여전히 그의 흔적을 보전할 수 있게 된다.

문자화된 소설이나 시는 인쇄 복제의 무차별성 때문에 처음부터 문자만의 아우라를 주장할 수 없다. 글로 쓰어진 작품의 아우라는 독자의 머릿속에서 재구성될 때 발생하는 것이지 문자에 내재되어 있는 것이 아니기 때문이다. 이에 반해 그림이나 음악은 그의 특성상 작가나 연주자가 원래 구상한 아우라를 복제본이 그대로 전달하기 힘들다. 연주회장의 분위기와 연주자의 숨소리까지 아우라를 구성하기 때문에 복제된 매체에서 그런 분위기까지 재생해내기란 여간 어려운 일이 아니다.

그렇다면 디지털 시대의 복제를 통해 만들어지는 문화는 기계 복제 시대의 대량 생산된 예술품이나 문화와 어떤 차이점을 지니게 될까? 미술품에는 제작품이 '진품'임을 증명하는 서명이 흔히 말미에 달라붙는다. 그런데 이것이 대량 생산·대량 소비의 포디즘적 복제 시대에 이르면 예술가나 제작자의 서명이 아니라 생산품에 붙이는 상표가 그 기능을 대신하게 된다. 불법 복제는 대량 생산물의 상표를 다시 복제한다. 이것이 상품화된 자본제적 생산 방식 안에서 복제의 순환이 이루어지는 과정이다. 트레이드마크나 브랜드 네임이라는 다양한 기호가 장인의 서명을 대신하게 된다. 물질에 각인된 이러한 서명은 대량 생산된 상품의 물질 '아우라'를 소비자에게 전달한다. 상품에 부착된 기호가 전달하는 아우라는 현대 소비자에게 이데올로기적인 영향을 미치기에 이른다.

그런데 디지털 복제는 기본적으로 모자이크식 복제 방식에 뿌리를 갖는다. 전체를 송두리째 베껴내거나 기계 주물을 통하여 동일한 물건을 판박이로 찍어대는 포디즘의 대량 생산 방식과 달리 디지털 복제는 파편화된 부분들을 골라모아 새로운 전체(하나)를 만들어내는 방식을 취한다.

물론 단순 디지털 복제와 복합 디지털 복제를 갈라볼 필요가 있다. 마치 단순 협업과 복합 협업이 갈라지는 것처럼 디지털 복제에도 두 가지 형태가 존재한다. 단순 디지털 복제는 동일한 정보를 아무런 내용의 첨삭 없이 동일한 정보의 형태로 복제하는 것을 의미한다. 포디즘 시대의 판박이 복제가 물질의 복제라면 디지털 복제는 정보의 복제이기 때문에 물질의 추가분이나 원료의 추가 투입이 불필요하다. 따라서 동일한 정보의 비트가 어떤 컴퓨터에서 네트를 통하여 다른 컴퓨터로 전송되고, 그것이 다른 컴퓨터의 보조 기억 장치에 복제되어 저장되는 과정 이외에 어떠한 물질적 추가도 일어나지 않는다. 이는 아톰의 물질 재생산이나 기계 복제 때에 필요한 추가적인 물질 투입과 아주 다른 특성이다. 이러한 디지털 복제의 특성으로 말미암아 소량 생산된 정보가 대량으로 공유되고 소비·재창조될 수 있는 새로운 가능성이 나타나게 된다.

복합 혹은 이차적 디지털 복제는 모자이크상을 만드는 것과 마찬가지로 네트를 통해 수집한 수많은 부분들을 원료로 하여 새로운 현실을 구성하는 창조적인 작업 과정을 거친다. 이런 맥락에서 디지털 시대의 창조성은 복합 디지털 복제를 어떻게 활용하느냐에 달려 있다 하겠다.

2) 디지털 복제 시대의 문화와 아우라

벤야민은 미술가와 사진가를 각각 마술사와 외과 의사로 비유한다. 마술사는 병을 고칠 때 대상에 접근하지 않는다. 이에 반해 외과 의사는 환자의 몸 안으로 침투하면서 그와 환자와의 거리를 사정없이 좁혀놓는다. 마술사는 환자와 그와의 거리를 유지한다. 마술사는 손을 얹어 병을 치료하지만 외과 의사는 환자의 몸을 찢고 들어간다.

마찬가지로 화가는 현실로부터 자연스런 거리를 유지한다. 이에 반해 카메라맨은 그 현실의 그물 안으로 깊게 파고든다. 그래서 그들이 얻는 영상은 완전히 다르다. 화가는 총체적인 상을 얻는다. 이에 반해 카메라맨은 '새로운 법칙으로 조합된 *assembled under a new law*' 다수의 조각들로 이루어진 상을 얻는다. 그래서 현대인에게는 필름을 통한 현실의 반영이 화가의 그림보다도 비교할 수 없이 중요하다. 왜냐하면 그것은 기계적인 도구로 현실 깊숙이 침투해 들어가기 때문이다.

복제품에는 아우라가 없다고 한 벤야민의 지적은 진정성의 상실이라는 측면에서 정당한 평가이다. 그러나 사진 원판이나 사진 작품, 혹은 현실의 특정 측면을 끌어내어 재구성한 대량 복제의 팝아트 등에서는 복제품 자체가 나름의 아우라를 지니게 된다. 그리고 디지털 아우라는 디지털 복제를 통해 이루어진다는 특징을 갖는다. 아날로그 시대의 기계 복제는 미술 작품에서 아우라를 앗아가는 기제로 작용하였지만 디지털 복제는 디지털 아우라를 만드는 기본 요소이다.

더구나 소비 자본주의 사회에서는 사물 자체가 가장 강력한 아우라를 조성하는 소도구 혹은 배경 사물로 등장하는 사태가 일상화된다. 사람들은 단순히 진정성을 지닌 예술 작품뿐만 아니라 일상의 상품과 사물에서 소외된 아우라, 혹은 진정성이 결여된 반쪽 아우라, 혹은 일상의 새로운 아우라를 만들면서 살고 있다. 단순하고 쓰레기 같은 모조 미술품, 키치의 반진정성이 역겨울 수도 있지만 그 또한 특별한 시공간의 아우라를 지니고 있음을 부인하기는 힘들다.

벤야민에 따르면 시간과 공간의 의미와 위상이 변화하면 아우라의 형태와 모양 및 생성 방식도 달라진다. 왜냐하면 아우라란 특정한 시간과 공간에서 만들어지는 독특한 분위기이기 때문이다. 디지털 시대의 정보 통신 발전은 네트를 통해 시간과 공간의 의미를 완전히 바꾸어버린다. 시간과 공간의 추상화가 이루어지면서 새로운 시공간 개념이 등장한다. 포디즘의 표준화된 시간은 동일한 시간권에 존재하는 모든 존재들에게 표준화된 시간을 강요한다. 따라서 직업과 작업 공간의 동질성에 의하여 표준화의 정도가 결정되며 동일한 작업 공간에 존재하는 사람들은 동일한 시간 규율에 따른 시간 감각을 지니게 된다.

그러나 네트는 포디즘의 표준화된 시간과 공간을 흩뜨려

놓는다. 서로 시간대가 다른 지역에 거주하는 사람들에게 시간의 표준화는 더 이상 의미가 없다. 또한 동일한 작업장이나 생활 공간이라는 공간의 표준화도 더 이상 실제적인 의미를 지니지 못한다. 네트 속의 공간은 전혀 다른 의미로 새롭게 형성된다. 네트에서는 현실 세계의 '장소 place'가 지닌 공간적 의미가 약화되는 동시에 '가상 공간 cyberspace-virtual space'이라는 새로운 표준화된 공간이 네티즌을 하나의 테두리 안에 묶어놓는 역할을 감당하게 된다. 곧 현실 세계의 '장소'가 의미를 상실하는 반면 네트의 '가상 공간'이 표준화의 계기를 마련해주는 역할을 감당한다. 사이버스페이스란 가상 공간의 등장에 따라 과거와는 그 형식과 전달 방식, 그리고 그것이 풍기는 분위기가 다른 새로운 디지털 아우라가 만들어지게 되는 것이다.

기계 복제 시대의 예술을 다루면서 벤야민이 염두에 둔 사항은 예술의 변화가 예술에 대한 사람들의 생각을 바꾼다는 수용사적·사회 역사적인 측면이었다. 예술에 대한 반동적인 자세가 어떻게 진보적인 자세로 바뀌는가? 우리가 디지털 시대의 복제에 희망을 걸려면 바로 이 점이 해명되어야 한다. 단순히 대중의 실천 여하에 디지털 문화의 성패가 달려 있다거나 현실 문화가 사이버스페이스에 그대로 반영되기 때문에 결국 현실 문화를 진보적으로 만드는 것이 디지털 세상의 진보성을 확보해주는 밑거름이다라는 주장은 하나마나한 발언에 그칠 수 있다. 중요한 것은 디지털 복제, 네트라는 새로운 미디어 혹은 도구가 과연 진보성의 형태를 이전 미디어보다 얼마나 많이 확보하고 있고, 그 여지를 형식적으로 얼마나 열어주고 있는가를 밝히는 일이다. 만약 매체 특성적으로 그리고 형태적으로 이전 매체와 달리 새로운 개방성과 움직임과 에너지를 소지한다면 다른 조건이 같을 때—인간의 실천 의지나 윤리적 요소, 혹은 정치적 실천과 개입의 강도—훨씬 더 진보적인 대응이 나올 것임을 예상할 수 있다.

그러면 과연 디지털 복제 혹은 디지털 미디어는 어떤 형식적 강점을 지니고 있는가? 만약 비판적 인식과 즐거움이 통일될 수 있다면, 다른 말로 오락성과 브레히트식 인식 효과가 서로 통일되는 매체 특성을 지닌다면 이 새로운 예술 형태는 진보적인 역할을 감당하게 될 것이다.

새로운 문화적 형식과 내용

네트는 과연 새로운 문화적 지각 체험을 위한 형식을 지니고 있는가? 브레히트는 "형식의 진보 없이 정치의 진보가 이루어질 수 없다"고 보았다. 그렇다면 정치를 포함하여 넓게 본 문화의 진보는 미디어 형식의 진보를 통해 이루어진다는 말이 된다.

1932년 브레히트는 한 연설에서 라디오가 단순한 분배 채널이 아니라 커뮤니케이션 도구로 발전해야 함을 역설했다. 그는 라디오 방송의 가장 중요한 책임은 청취자로 하여금 단순히 듣는 것이 아니라 스스로 말하도록 만드는 데 있다고 주장하였다.

그러면 웹을 통해 이루어지는 여러 가지 미디어 실험들을 살펴보자. 웹을 통해 라디오 방송이 전개되고 있고, 텔레비전 방송도 전달된다. 이러한 형식 실험은 매스 미디어 수용자의 선택 가능성을 확대하고 음성·화상·텍스트의 복합된 미디어를 혼용하여 동시성과 비동시성의 장점을 통일하는 효과를 발휘한다. 그러나 기존의 라디오 방송이나 텔레비전 방송과 똑같은 내용이 웹이라는 새 옷을 걸쳤다고 새로움을 얻을 수는 없다. 진정한 새로움은 새로운 형식 자체의 가능성을 끝까지 밀고 가는 실험 정신과 전위적 실천에 의해 쟁취된다. 그리고 작은 집단과 개체들의 적극적인 참여가 대안적 미디어의 형식을 완성시킬 수 있을 뿐이다.

비판적 이성의 회복을 통한 주체의 개입을 허락하는 브레히트의 모더니즘 옹호는 현재 이루어지고 있는 네트의 문화에 어떤 시사를 던져줄까? 소격 효과, 거리 두기, 카타르시스와 환상의 거부를 통한 비판적 인식과 이성의 회복, 관객의 적극적 개입을 중시한 브레히트의 미학이 현재 네트의 문화를 이해하는 실마리가 될 수는 없을까. 새로운 문화의 창조를 위해 주체의 적극적인 개입과 참여를 통한 하이퍼텍스트의 소격 효과적 활용, 이성의 회복과 비판성의 재건을 꿈꾸어본다.

인터넷의 작은 집

인터넷과 미디어 혁명

인터넷은 '하나는 모두를 위해, 모두는 하나를 위해 *all for one, one for all*' 라는 이상을 현실로 만들고 있다. 누구나 자신의 의견을 인터넷에 자유롭게 게시할 수 있으며 여러 가지 다양한 자료와 정보를 공짜로 사용할 수 있다. 인터넷은 공유의 이상이 실현되는 별천지이다. 인터넷을 사용하는 수천만의 '나'는 인터넷을 사용하는 다른 수천만 사용자를 위해 자신의 시간을 들여 지식을 제공한다.

이것이 바로 지식과 의견의 자유로운 유통이 이루어지는 인터넷 공동체이다. 인터넷에 올라와 있는 수많은 사람들의 생각과 정보는 나를 위한 자료로 살아 움직이기 시작한다. 이러한 정보는 사용자의 자발적인 참여를 기반으로 만들어진다. 아무도 지시하거나 관리하지 않지만 어느 날 갑자기 갖가지 서비스가 시험되고 제공되는 정보의 자유 경연장으로 성장한 인터넷은 누구에게나 열려 있는 자유 공간이다.

이는 인터넷이 채용하고 있는 개방 구조 *open architecture* 덕분이다.

산업 혁명 이후의 미디어 역사는 거대 매체의 군림으로 평가할 수 있다. 자본과 결합된 인쇄 매체는 글쓰는 사람과 글 읽는 사람간의 구분을 낳았으며, 영상 매체인 텔레비전은 거대 방송사와 수동적 시청자간의 엄격한 분리를 촉진하였다. 상업화된 미디어 세계에서 자신의 글을 전달할 수 있는 사람은 팔리는 책의 저자에 한정되었다. 글쓰는 사람의 한정성, 지면의 제한, 권력의 개입에 의한 왜곡된 의사 소통이 인쇄 매체의 민주적 발전을 가로막았다.

이러한 인쇄 매체의 한계를 돌파한 것이 복사기이다. 손쉽게 원본을 복사할 수 있게 됨으로써 대량 매체의 권위적 한계를 뛰어넘을 수 있었다. 1980년대의 팸플릿 문화는 복사기가 선사한 미디어의 게릴라전이었다. 팸플릿이 일 대 일의 은밀한 전달을 통해 비밀리에 사상과 이념을 전파하는 미디어로 사용되었다면 중간 범위 대중 매체로는 대자보가 아주 훌륭한 게릴라전의 무기였다. 대자보는 제한된 공간에서 쉽게 대중에게 접근할 수 있었다.

팸플릿 문화와 대자보의 문화는 1990년대에 들어 시들해졌다. 그 이유는 무엇보다도 정치 정세의 변화 때문이지만 미디어 자체의 변화도 무시할 수 없는 요인이다. 글쓰기 문화가 개인용 컴퓨터의 보급에 따라 엄청나게 변한 것이다.

타자로 친 팸플릿을 복사하여 돌리던 시절이 아스라한 과거로 흘러가고 컴퓨터의 워드 프로세서로 쓰인 문서가 전자 통신을 통해 이리저리 손쉽게 전달된다.

최근에는 PC 통신의 공개 게시판이 과거의 대자보와 팸플릿을 대체하고 있다. 컴퓨터 통신 시대의 폐쇄 동호회는 중간 범위의 대중을 상대로 자신의 의사를 전달하는 수단으로 활용된다. 컴퓨터 게시판이 대자보의 역할을 대신하게 된 것이다. 이의 주된 사용자가 젊은 세대라는 점이 밝은 장래를 약속한다. 인쇄 매체를 주도하던 소수 명망가들의 권력이 약화되고 전자 게시판에 글을 올리는 열린 생각의 소지자들이 전자 공간의 헤게모니를 잡고 있다.

그러나 상용 PC 통신은 여러 가지 다양한 서비스를 제공하지만 거대 자본의 뜻에 따라 임의로 통제할 수 있다는 단점을 갖는다. 중앙 통제식 관리 체제가 이 새로운 매체의 자유로운 발전을 가로막는 장애물이다. 이에 반해 BBS는 지역이나 대상 계층별로 한정된 범위에서 알찬 미디어로 자랄 수 있는 대안적인 매체이다. 그러나 아직까지는 그다지 활성화되어 있지 않다. 인터넷에 BBS를 물릴 경우 BBS는 상대적인 고립성을 벗어나 아주 포괄적이고 강력한 매체로 성장할 가능성이 크다. 그러나 문제는 이들 사설 BBS를 버팅겨줄 집단을 만드는 일이 그리 쉽지 않다는 점이다.

최근에는 PC 통신, BBS가 인터넷으로 통합되는 추세이다.

컴퓨터 통신은 '다수 대 다수'라는 특성을 갖는다. 이것이 방송과 통신의 결합이 가져오는 사용자 측면의 가장 큰 변화이다. '다수 대 다수'의 연결은 곧바로 다양성과 송신-수신자의 결합을 가져온다. 수신자는 자신이 연결하고 싶은 사람이나 사이트 *site*를 스스로 선택하고 능동적으로 접속에 개입해야 한다. 뿐만 아니라 스스로 발신자가 되거나 다른 발신자가 만든 사이트에 적극적으로 참여함으로써 송신-수신자를 갈라놓는 전통적 매스 미디어의 지배를 뒤흔들 수 있다.

여기서 한 단계 더 진전하면 수신자-송신자의 일체화 가능성을 여는 본격적인 디지털 혁명의 효과가 드러난다. 비디오 저널리스트와 개별 발신자의 성장은 영상의 생산과 유통·공급 구조를 변화시킨다. 8밀리 카메라로 무장한 수많은 독립 제작자와 인터넷을 통해 유통·분배하는 인터넷 방송국의 등장은 사용자 하나하나에게 개별 방송국의 지위를 부여할 것이다.

인터넷의 권능

인터넷이 미치는 사회적 영향력은 '탈중심화' '분권화' '민주주의'로 갈라볼 수 있다. 인터넷은 첫째, 기존의 중앙 집권적인 매스 미디어의 통제와 지배를 해체한다. 기존의 매스 미디어 모델에서 사용자는 정보의 사용과 대상에 대해 간접적이고 제한적인 권한만을 갖는다. 기존의 미디어 사용자는 언제, 왜, 누구로부터, 어떤 정보를 얻고, 누구에게 정보를 보내는가에 대한 통제권을 거의 갖고 있지 못하다. 정보 전달 내용과 시간 및 전달 의도를 공공 복리라는 명분하에 사전·사후로 검열하는 심의 기관이 존재하는 매스 미디어 시대의 사용자는 정보 소비자에 불과할 뿐이다.

그러나 인터넷은 정보 사용과 정보에 대한 액세스, 소통에 대한 통제권을 누가 갖고 있는가의 문제에 대해 혁명에 가까운 변화를 몰고 왔다. 당신은 3,000만 개의 방송국을 상상할 수 있는가? 인터넷에서는 일방적으로 송신만 하는 방송국이 아니라 수신도 겸한 3,000만 개의 방송이 가능하다. 매스 미디어는 하나의 중심이 여러 개의 지역 방송을 거느리면서 중앙에 집권한다. 수백만의 시청자를 가시청권에 가두어놓고 자신의 의견과 정보를 일방적으로 쏟아붓는다. 전자프런티어재단(EFF)의 공동 창설자인 발로는 미국 기업의 최고 경영자 가운데 유독 공군 폭격기 조종사 출신이 많다는 점을 농담삼아 지적한 바 있다. 마치 폭격기 조종사처럼 중앙 집권적 방송사들은 저 아래에 있는 힘없는 시청자에게 방송이라는 폭탄을 마구 떨군다. 시청자는 방송사의 융단 폭격에 속수무책이다.

인터넷에서 융단 폭격은 더 이상 통하지 않는다. 텔레비전은 3~4개 채널 정도의 선택권이 있기는 하지만 일단 켜기만 하면 자동적으로 갖가지 정보 오락 포탄이 빗발치듯 시청자의 눈을 낚아챈다. 하지만 인터넷에서는 거대 미디어의 홈사이트가 자신의 권력으로 사람들의 이목을 집중시킬 수 없다. 사용자의 적극적인 선택과 판단이 뒤따라야만 그들 사이트와 사용자간의 접속이 이루어진다. 중심화된 집중의 구조가 편재화된 다양성의 수평 구조로 바뀌는 것이다.

둘째, 인터넷은 기존의 대중 매체와 달리 사용자의 참여를 확대하고 사용자의 권력을 강화한다. 인터넷에서는 작은 단위로 무수하게 쪼개져 있는 부분들이 모여 전체를 이룬다. 부분들의 결합과 만남에서 새로운 전체가 만들어진다. 상호작용하는 수많은 작은 부분들로 구성된 인터넷은 커다란 덩어리가 부분을 지배하는 수직적 지배 구조가 아니라 여러 가지 작은 주체가 모여 수평적인 연결을 통해 커뮤니티를 형성하는 구조이다.

이런 구조에 힘입어 이제까지 공식 매체로서는 자신의 의사를 표명하지 못했던 억눌렸던 조직과 단체·주제·사람들의 목소리가 전세계로 전달된다. 세계 제일의 미디어 제국을 이룬 타임 워너 Time Warner사의 홈페이지나 개인의 홈페이지나 하나의 홈페이지라는 점에서 차별은 없다. 중앙의 거대한 재벌 신문사만 홈페이지를 만들 수 있는 것은 아니다. 지방의 소수라도 자신이 전달할 뚜렷한 메시지만 있다면 인터넷을 통해 여론을 확산하는 것이 그리 어려운 일만은 아니다. 지하를 떠돌아다니며 비밀스럽게 유지되던 반정부 단체나 운동 단체도 인터넷이라는 공개된 장에 자신의 명함을 내밀고 행동 강령을 공포할 수 있다.

인터넷에서는 정부의 규제와 기존 체제의 진입 장벽을 손쉽게 허물 수 있다. 인터넷은 기성의 권위가 만들어놓은 수많은 진입 장벽과 금기를 타파할 수 있는 매체이다. 문단의 추천을 받고 기성 매체에 작품이 몇 번 발표되어야만 공식적인 작가로 행세하는 더러운 풍토에 쐐기를 박을 수도 있다. 금단의 주제에 과감하게 도전할 수 있으며 경직된 권위주의의 학풍에 반발하고 새로운 사상을 마음껏 전파할 수도 있다.

문제는 매체가 아니다. 이제 지면의 제약이라든가 정부 당국의 검열 때문에 자신의 생각을 우회하거나 몸을 사릴 필요가 없다. 문제는 자신의 생각을 전달하려는 열망과 공유의 의지에 달려 있다. 만남의 의지만 있다면 누구나 홈페이지를 통해 전지구의 모든 사람과 만날 수 있다. '연결되었습니다'라는 말은 분명히 커뮤니케이션의 필요 조건을 만족시킨다. 당신이 인터넷에 접속하는 순간 커뮤니케이션의 필요 조건을 충족하는 것이다. 그렇다면 커뮤니케이션의 충분 조건이란 무엇일까. 그것은 새로운 공동체를 만들고 만남을 지속하며 만남의 양과 질을 높이는 것이다.

셋째, 인터넷은 조화와 협동·민주주의를 활성화한다. 매스 미디어는 단순화와 일방성의 매체인 데 반해 인터넷은 다양함과 협동·조화를 이루는 매체이다. 인터넷은 우리에게 다양함과 협동과 조화·민주주의를 선사한다.

인터넷 홈페이지의 앞날

인터넷이 민주적인 의사 소통 매체로서, 새로운 공동체로서 커다란 잠재력을 갖고 있지만 아직까지 인터넷 홈페이지가 일반화되어 있지는 않다. 현재 홈페이지는 인터넷을 자유롭게 쓸 수 있는 무료 계정을 가진 전문 지식층에 제한되어 있다. 이들은 주로 대학이나 연구 기관·공공 기관 등에 종사하는 사람들로서 학생층이나 연구 전문직 종사자들이 대부분이다. 이들은 자체 기관이 보유하고 있는 컴퓨터를 사용하여 자신의 계정에 홈페이지를 만들어놓는다. 자신의 관심 분야와 연구 주제·취미·이력서 등 다양한 내용으로 구성된 개인 홈페이지는 인터넷을 가상 공동체로 만들고 있다. 한편 기관의 컴퓨터를 사용하지 못하는 일반인의 경우에는 인터넷 접속 서비스를 대행하는 상용 회사에 월 일정액의 사용료를 내고 자신의 계정을 발부받아 자신의 홈페이지를 만들 수 있다.

그런데 인터넷에 자신의 홈페이지를 만들어놓는다고 네트의 시민권을 확보할 수 있는가. 이력서 나부랭이와 자신을 알리는 홍보성 정보로 네트에 진입하였다고 할 수 있는가. 네트를 거의 사용하지도 않고 그들의 문화와 활동 방식에 생면부지인 사람이 돈 주고 홈페이지를 개설하였다고 네티즌이 될 수는 없는 노릇이다. 정치인들이 네트에 관심을 갖는 이유는 간단하다. 네티즌이 사회 여론 형성에 뛰어난 영향력을 발휘하고 그들에게 접근함으로써 일당백의 효과를 얻을 수 있기 때문에 네트에 이력서를 내미는 것이다. 청와대의 홈페이지나 보수 정객의 홈페이지는 여기에서 한걸음도 더 나가지 못한다. 탈중심화·분권화·민주주의를 촉진하는 홈페이지의 가장 큰 문제점은 밤하늘의 별처럼 무수한 홈페이지에서 나를 찾아오게 만들 방법이 망막하다는 점이다.

인터넷 홈페이지는 과연 수신자와 송신자의 구분을 허물고 다양한 생각과 의사 표현의 전달을 담당하는 새로운 매체로 자리잡을 수 있을까? 현재의 상황에서는 분명히 제한적이다. 여성보다는 남성이, 저소득층보다는 고소득층이, 생산직보다는 전문직 종사자가, 교육 수준이 높은 사람의 인터넷 사용 비율이 더 높다. 그리고 현실 세계에서 지명도가 높고 널리 알려진 사람의 홈페이지일수록 높은 조회 수를 보인다. 현실 세계의 힘의 관계가 인터넷에서도 재현되고 있는 것이다. 그러나 앞으로도 이런 추세가 지속되리라는 보장은 없다.

인터넷 홈페이지는 형식상으로만 볼 때 아무런 자본도 갖지 못하고 자신의 매체를 소유하지 못한 사람일지라도 자신의 생각과 의사를 전세계의 인터넷 사용자에게 전달할 수 있다는 엄청난 가능성을 갖고 있다. 물론 전달하려는 내용과 그 내용의 사회적 가치는 천차만별이다. 하지만 전달 매체의 일방성을 허물고 작은 매체로서 자신의 아이디어를 전달하는 매우 유용한 매체로 성장할 잠재력을 갖고 있다. 이러한 인터넷의 가능성은 1) 전세계적 전달 범위, 2) 값싼 비용, 3) 검열 없는 자기 주장, 4) 다른 사용자와의 양방향 통신이라는 요인 때문에 가능하다.

그러나 인터넷의 이러한 특성이 뉴 미디어의 민주적 가능성을 자동적으로 보장하지는 않는다. 인터넷이 공동체 성원의 참여를 확대하는 '풀뿌리 네트워크'가 될 것이지, 아니면 권력과 독점 사업체가 연출하는 감시 사회의 '빅 브라더 네트워크'가 될 것인지는 전적으로 사용자들의 참여와 활동에 달려 있다. 인터넷은 이에 참여하는 사람들의 적극적인 활동과 실천이 따를 경우 엘리트주의에서 평등주의로, 위계적 질서에서 탈중심화된 구조로 변화하는 개인주의적 자유주의의 이상을 실현하는 마당 역할을 할 수 있다.

앞으로 현실 세계에서 정보 활용이 차지하는 사회적 비중이 커지고 현실 영향력이 강화될 경우 의외로 사이버스페이스에서 헤게모니를 갖는 집단이 현실 세계에서도 영향력을 발휘할 개연성은 충분하다고 하겠다. 그러나 사이버스페이스는 현실 세계의 일부에 불과하다는 점을 분명히 인식해야 한다. 현실 권력은 사이버스페이스에 개입하여 이를 통제하고 관리한다. 사이버스페이스라는 별개의 세계가 유아독존으로 존재하는 것이 아니다. 대자본과 사회적 영향력을 갖고 있는 집단이 가상 현실에서도 영향력을 유지하고 가상 세계 또한 현실 세계의 또 다른 복제판이 된다면 가상 현실이 주는 위안과 해방의 가능성, 전자 공간의 새로운 커뮤니케이션 공간으로서의 의미, 민주적이고 다원적인 새로운 전자 공간의 의미는 성장하기도 전에 사그라질 것이다.

사이버히피 독립 선언문

사이버스페이스의 두 마리 늑대

사이버스페이스에 까만 늑대와 빨간 늑대 두 마리가 어슬 렁거리고 있다. 사이버 세계는 현실 세계의 국가 권력과 자본가들이 펼치는 협공에 직면해 있다. 당장 노골적으로 네트의 자유를 위협하고 나선 첫번째 늑대는 정부 권력이다. 정부는 공공 질서 유지라는 명목을 내걸면서 네트에서 이루어지는 자유로운 정보 교환에 제동을 걸기 시작했다. 『타임』지와 『와이어드』지간의 인터넷 포르노 논쟁이 절정에 달했던 1995년 여름에 미국 의회에서는 새로운 방송 관련법이 추진되었다. 1996년 2월 7일 클린턴이 이에 서명함으로써 결국 네트상의 음란물 규제에 관한 통신품위법이 통과되기에 이르렀다. 공교롭게도 네트 상품화의 척후병인 성이 행정권이 휘두른 철퇴의 첫번째 희생물이 된 것이다.

그런데 정말 무서운 침입자는 달러로 아름답게 치장한 빨간 늑대이다. 빨간 늑대는 호시탐탐 네트의 정복을 꿈꾸는 자본주의의 첨병들이다. 이상하게도 네트의 상업화는 성과 관련된 주제에서 가장 빨리 이루어진다. 아마도 성이 현실 세계에서 가장 강력하게 억압되는 욕망인 동시에 가장 강한 욕구이기 때문에 먼저 상품화되는지도 모른다. 과거에 포르노 영화가 VTR의 보급에 일조한 것처럼 인터넷의 급속한 대중화에는 이들 성과 관련된 정보가 톡톡히 한몫을 해내고 있다.

정부가 음란물을 들먹거리는 것은 네트에 개입하기 위해 치밀하게 계산된 전술이다. 파렴치범을 내세워 사상을 통제하자는 것이다. 아이들이라면 무조건 성으로부터 격리되어야 한다는 철부지 학부모와 성을 금단시하는 교회는 정권이 기대는 보수주의의 뒷벽이다. 하릴없는 학부모 연합을 앞장세우고, 거룩한 목사들을 내세워 인터넷의 음란물 사냥을 북돋우면서 속내로는 사상을 검열하고 표현을 제한하겠다는 정권의 깊은 뜻을 누가 쉽게 헤아릴 수 있을까.

풍기문란이란 죄명은 동서고금에 걸쳐 부끄러운 오욕이었다. 머리로 지은 죄와 아랫도리로 지은 죄의 차이는 고상한 사상범과 망나니 파렴치범으로 갈라진다. 그러나 비트 시대의 사상과 표현의 자유를 수호하기 위해 사상범과 파렴치범 사이의 기묘한 세력 동맹이 맺어질지도 모르겠다.

오늘도 인터넷에는 디지털 무희들이 현란하게 이미지의 치맛자락을 휘날린다. 디지털 수치들은 숨가쁘게 돈의 흐름에 관한 정보를 토해놓는다. 인터넷에서는 성과 정보가 절묘하게 결합한다. 사태가 이 지경에 이르자 사람들은 디지털 황금 송아지를 경배하기 시작했다. 이런 정황에 기대어 미국은 정보 제국주의의 패권을 부드럽게 구사할 방도를 찾는 데 여념이 없다. 지적 저작권이라는 지적인 무게로 포장한 디지털 장사꾼의 뱃속에는 U$A라는 숨길 수 없는 제국주의의 마크가 찍혀 있다. 정보제국주의에서 탈출하기 위해 건너야 할 홍해는 무엇인가. 파라오의 지배를 벗어나 우리를 가나안 땅으로 이끌 모세는 누구인가.

아마도 네트 스스로 이런 일을 해주리라 믿는 것은 기술 결정론자가 만들어놓은 황금 송아지를 모시는 꼴이 되리라. 그렇다면 노예의 삶을 자연스레 받아들이는 수많은 인민 대중을 깨우칠 디지털 모세가 필요하지 않을까?

네트의 히피, 발로

뉴토피아 선언
Nutopia Declaration

우리는 개념의 나라, 뉴토피아NUTOPIA의 탄생을 선언하노라. 당신이 뉴토피아를 알기만 하면 이 나라의 시민권을 얻을 수 있다. 뉴토피아에는 영토도 없고 경계도 없으며 여권도 필요 없다. 오직 사람들만 있을 뿐이다. 뉴토피아는 조화 이외의 어떤 법률도 없다. 뉴토피아의 모든 사람들은 이 나라의 대사들이다. 뉴토피아의 대사로서 우리 두 사람은 외교적 면책 특권과 국제연합의 인정을 요청하는 바이다.

요코 오노 레논
존 오노 레논

뉴토피아 대사관
One White Street
New York, New York 10013
1973년 4월 1일

1973년 만우절에 존 레논과 오노 요코는 뉴토피아라는 사람들의 나라를 구상했다. 그들은 그들의 앨범 '마인드 게임 Mind Game'에서 뉴토피아를 선언하였다. 그들이 1973년에 그린 꿈의 나라 뉴토피아는 1996년의 사이버스페이스와 너무나도 닮아 있다. 뉴토피아는 기존 국가 권력으로부터 자유로운 나라, 면책 특권이 부여된 나라, 생각과 정신으로 이루어진 나라, 마음의 나라, 개념으로 세워진 가상의 나라인 것이다.

1960년대 꽃의 아이들(히피)의 고향 샌프란시스코와 1990년대의 사이버스페이스에는 공동체에 대한 강한 열망이 깔려 있다. 이 점이 1960년대 히피와 1990년대의 사이버히피가 같은 혈족임을 증명하는 지점이다. 인터넷을 단순한 비즈니스의 도구로 바라보는 동부 뉴욕의 비즈니스맨과 이를 새로운 문화와 이상향적 공동체의 새싹으로 대하는 샌프란시스코의 사이버히피간에는 동부와 서부의 지리적 거리만큼이나 떨어진 문화적 차이가 있다.

그렇다면 과연 1960~1970년대의 대항 문화가 1990년대의 한 세대를 건너 다시 부활하는가? 심정적으로야 히피의 찬란한 부활을 바라지만 이런 바람이 현실에서 이루어지고 있지는 않다. 언제부터인가 우리는 캘리포니아 신드롬에 걸렸다. 미국 캘리포니아는 이제 21세기의 문턱에서 사이버리스트의 새로운 고향으로 떠오르고 있다. 1990년대의 캘리포니아는 『와이어드』라는 컴퓨터 문화 잡지가 발행되는 곳, WELL이라는 사이버 공동체가 탄생한 곳, 반도체 산업과 컴퓨터 산업의 메카로 떠오른 곳이다. 그러나 1960년대의 캘리포니아 드리밍은 1990년대말에 이르러 캘리포니아 이데올로기로 옷을 바꿔입고 있다. 공동체의 사랑과 자유·무소유를 실천하던 히피는 자신이 맡은 분야를 빠삭하게 꿰는 전문적인 여피 *yuppie*로 변화하였다. 자본주의와 가부장제의 기존 체제를 거부하고 우주의 질서와 인간 공동체의 회복을 갈구하던 히피의 소탈한 차림세가 점차 글로벌 자본주의의 세례를 받은 자유주의자의 산뜻한 매무새로 변화한 것이다.

그럼에도 불구하고 다소 낭만적이기는 하지만 위에 인용

된 존 레논의 뉴토피아 선언과 다음에 소개할 발로의 「사이버스페이스 독립 선언문」은 서로 매우 닮았다. 사이버스페이스에 대한 정부와 자본의 침입이 노골적으로 전개되는 시점에서 「사이버스페이스 독립 선언문」이 인터넷을 떠돌아다니고 있다. "산업 세계의 정권, 너 살덩이와 쇳덩이의 지겨운 괴물아. 나는 마음의 새 고향 사이버스페이스에서 왔노라. 미래의 이름으로 너 과거의 망령에게 명하노니 우리를 건드리지 마라. 우리는 너를 싫어한다. 우리의 영토에서 너의 주권은 없다…… 너는 우리가 누구인지, 우리의 세계가 무엇인지 전혀 모른다. 사이버스페이스에 너의 관할권은 없다."

전자프런티어재단의 공동 설립자인 발로는 1996년 2월 7일 클린턴이 통신법 수정안에 서명하는 날이 보스턴 항(인터넷)에 차(통신품위법)를 폐기할 시점이라고 결단하였다. 발로가 독립 선언문을 올리자 수백 개의 사이트에서 이 독립 선언문을 복사하여 재빨리 게재하였다. 천지사방에 뿌려지는 종이 전단처럼 인터넷 곳곳에 디지털 삐라가 떨어지고 있는 것이다.

록 그룹 그레이트풀 데드의 작사자였고 히피이자 카우보이였던 발로는 1990년에 미첼 케이포와 함께 전자프런티어재단을 공동으로 설립했으며 사이버스페이스의 자유를 위해 노력하고 있는 사이버스페이스의 독립 운동가이다. 그가 사이버스페이스에 그처럼 큰 관심을 기울이는 이유는 인간 공동체에 대한 1960년대의 낭만과 열정이 아직도 사그라들지 않았기 때문인지도 모르겠다. 자유와 평화 그리고 무소유의 유토피아를 갈망하던 1960년대의 히피는 재산과 인종·계급을 가리지 않는 인터넷 공동체와 닮아 있다. 1960년대 대항문화의 좌절과 히피 공동체 추구의 열망이 1990년대 사이버스페이스에서 재연되고 있는 것일까?

카우보이, 록 그룹, 사이버 행동주의자…… 이것이 발로의 이력이다. 그는 무조건적 사랑과 근거 없는 희망 두 가지를 인생의 미덕으로 삼는다. 그는 분열과 고립은 악덕이고 소통과 연결은 미덕이라 본다. 어느 인터뷰어가 그에게 이 가운데 어느 것을 선택하고 싶으냐고 묻자 그는 아무래도 좋다고 답하면서 각성한 채로 몰입할 대상이면 무엇이나 좋다고 답했다. 그는 직업이 무엇이든간에 '좋은 사람이냐 아니냐'가 더 중요하다고 말한다. 발로는 자유주의자이며 명상과 초월에 관심을 갖고 있는 신비주의자이기도 하다. 그가 사이버스페이스에서 원하는 것은 과연 무엇일까.

그가 꿈꾸는 세상은 그레이트풀 데드의 리더 가르시아가 1967년에 밝힌 다음과 같은 세상과 통한다: "우리가 그리는 세상은 평화가 넘치는 지구입니다. 우리는 다른 것을 생각하지 않아요. 우리는 권력을 꿈꾸지 않아요. 투쟁 같은 것은 머릿속에 없어요. 전쟁이나 혁명을 그리고 있지 않습니다. 그런 것은 우리가 원하는 것이 아니에요. 아무도 다치지 않고

남을 해하지 않길 바랍니다. 우리 모두는 평온하게 살 수 있습니다. 단순한 삶이 좋은 삶입니다. 전인류를 몇 발짝 더 움직일 수 있기를 바랍니다."

네트의 권력을 위하여

과연 가상 공동체는 현실 세계의 권력인 정부에 대항하여 사이버스페이스의 독립을 선언할 정도의 실체를 갖고 있는가? 아직까지 사이버스페이스는 현실 세계의 한 부분이자 덤이다. 사이버스페이스가 현실 세계의 덤인 이유는 아직까지 현실의 권력 관계가 아날로그를 중심으로 이루어지고 있기 때문이다. 사이버스페이스, 가상 공동체 등의 이야기가 비트의 세상이 따로 존재하는 것 같은 착각을 주지만 이 세상 어디에도 그런 공간이 독자적으로 존재하지는 않는다. 비트와 네트로 엮어지는 새로운 공동체, 그를 사용하는 사람들의 생활 방식과 관계, 만들고 놀고 일하고 쉬고 숨쉬는 모습, 사람을 만나는 방식의 변화가 사이버 세상을 만드는 것이지 사이버스페이스가 이 세상 저편에 따로 존재하는 것은 아니다.

현실 세계와 사이버스페이스의 이러한 관계를 놓쳐버릴 때 발로의 사이버스페이스 독립 선언은 자칫하면 고립 선언으로 전락할 수 있다. 마치 1960년대 히피 대항 문화가 의식과 문화의 혁명을 불러일으키고 그들만의 작은 코뮌을 만드는 데까지 다다랐지만 현실 세계의 엄정한 논리와 위력 앞에서 스스로 고립되어 결국 자신의 희생물이 되어버린 것처럼. 1960년대의 수많은 히피들은 결국 다시 현실로 복귀하여 현실 질서의 일부를 이루었다. 진정한 네트의 독립 선언은 현실 세계의 뿌리에 끈끈하게 달라붙어 현실 자체를 변혁시키는 일상의 모반과 생활 속의 실천을 함께 이루는 데서 찾아야 할 것이다.

사이버스페이스 독립 선언문
A Cyberspace Independence Declaration

(저작권 문제에 관한 한 발로의 입장은 간단명료하다. 다 함께 나누자는 것이다: 발로는 디지털 저작물의 머리나 꼬리에 흔히 달리는 "저작자의 이름을 밝히고 원문에 훼손이 가지 않는 한 그리고 상업적 용도로 쓰이지 않는 한에 대해서 복제를 허용한다"라는 단서조차 용납하지 않는다. 그는 자신이 판권에 전혀 신경을 쓰지 않는다고 말한다. 자신의 이름을 남기지 않아도 된다고.)

산업 세계의 정권들, 너 살덩이와 쇳덩이의 지겨운 괴물아. 나는 마음의 새 고향 사이버스페이스에서 왔노라. 미래의 이름으로 너 과거의 망령에게 명하나니 우리를 건드리지 마라. 너희는 환영받지 못한다. 네게는 우리의 영토를 통치할 권한이 없다.

우리는 우리가 뽑은 정부가 없을 뿐 아니라 그것의 필요성도 느끼지 않는다. 그래서 자유가 명하는 데로 네게 말하노라. 우리가 건설하고 있는 전지구적인 사회 공간은 네가 우리에게 덮어씌우려는 독재와는 무관한 것이다. 너는 우리를 지배할 도덕적 권리도 없고 우리가 무서워할 만한 강제적인 방법도 갖고 있지 못하다.

정부는 시민의 동의에서 자신의 정당한 권력을 얻는다. 너희는 우리의 동의를 얻지도 않았고 부름받지도 않았다. 우리가 언제 너희를 초청했느냐? 너희는 우리에 대해서도 우리의 세계에 대해서도 전혀 모른다. 사이버스페이스는 너의 관할권 바깥에 있다. 사이버스페이스를 마치 공공 건설 사업쯤으로 생각하여 너희가 그것을 만들 수 있다고 생각하지 말라. 너희는 만들 수 없다. 사이버스페이스는 자연의 움직임이며 우리의 집단적인 행동을 통해 스스로 성장한다.

너희는 우리의 위대한 대화에 참여하지도 않았으며 우리 시장의 부를 만들지도 않았다. 너희는 너희의 법률이 얻는 것보다 훨씬 질서정연한 우리의 문화와 윤리, 불문법에 대해 모른다.

너희는 우리에게 문제가 있으니 너희가 개입해서 문제를 풀어야 한다고 주장한다. 너희는 우리 구역에 침범하기 위한 구실로 이런 주장을 사용한다. 하지만 그런 문제는 존재하지 않는다. 진정으로 갈등이 있는 곳, 문제가 있는 곳이 있다면 우리가 그것을 찾아내어 우리의 방법으로 그것을 밝히겠다. 우리는 스스로 우리 자신의 사회 계약을 만들고 있다. 이러한 집행은 너희의 세계가 아니라 우리 세계의 조건에 따라 생겨날 것이다. 우리 세계는 너희의 세계와 다르다.

사이버스페이스는 웹에서 이루어지는 의사 소통의 물결처럼 계약과 관계 그리고 사유 그 자체로 이루어진다. 우리의 세계는 모든 곳에 있으면서 아무 곳에도 없지만 우리의 육체가 거하는 곳은 아니다.

우리는 인종, 경제력, 군사력, 태어난 곳에 따른 특권과 편견 없이 아무나 들어갈 수 있는 그런 세상을 만들고 있다. 우리는 비록 혼자일지라도 침묵과 동조를 강요당하지 않으면서 누구나 어디에서나 그의 믿음을 표현할 수 있는 그런 세상을 만들고 있다. 너희가 생각하는 재산·표현·정체성·운동·맥락에 관한 법적인 개념들은 우리에게 적용되지 않는다. 그것들은 물질에 기반하는데 사이버스페이스에는 아무런 물질이 없다.

우리의 정체는 너희와 달리 육체가 없기 때문에 물리적 강제력으로 질서를 만들 수 없다. 우리는 윤리와 개명된 자기 이해, 그리고 공공 복지에서 우리의 정치가 나타나리라 믿는다. 우리의 정체는 너희의 관할권을 건너 퍼질 수 있다. 우리의 선거인 문화가 일반적으로 받아들이는 법률은 황금률이다. 우리는 이 근거에서 우리의 특수한 해결책을 만들 수 있기를 바란다. 그러나 우리는 너희가 부과하려는 해결책을 받아들일 수 없다.

너희는 오늘 통신개혁법안을 만들었다. 그것은 너 자신의 헌법을 모독하는 것이며 제퍼슨, 워싱턴, 밀, 메디슨, 드 토크빌, 브랜다이스Brandeis의 꿈을 욕보이는 짓이다. 이들의 꿈은 이제 우리 속에서 새로 태어나야 한다.

너희 자녀들이 아주 친근한 그 세계에서 너희는 항상 이민자에 불과하기 때문에 네 아이들을 두려워하고 있구나. 너희가 그들을 무서워하기 때문에 부모의 책임이라는 미명 아래 관료제를 신임하지만 너희는 너무 어리석어 너희 자신을 보지 못하게 될 것이다. 우리 세상에서는 미천한 것에서 천상의 것에 이르기까지 휴머니티의 모든 감정과 표현이 연속적인 전체의 부분이며 비트의 전지구적인 대화이다. 우리는 우리의 날개가 움직이는 공기와 우리를 질식시키는 공기를 따로 떼어놓을 수 없다.

중국 · 독일 · 프랑스 · 러시아 · 싱가포르 · 이탈리아와 미국에서 너희는 사이버스페이스의 프런티어에 검문소를 세워 자유의 바이러스를 격리하려 노력하고 있다. 당분간 전염을 막을 수 있을지는 몰라도 비트를 지닌 미디어로 뒤덮일 세상에서는 아무짝에도 쓸모 없게 될 것이다.

너희의 진부한 정보 산업이 미국이나 다른 곳에서 전세계적으로 연설권을 확보한다고 주장하는 법률을 제안함으로써 자신을 존속시킬 수 있다. 이들 법률은 아이디어를 쇳덩어리와 똑같이 취급하여 이것이 또 하나의 산업 생산물이라고 주장할 것이다. 우리의 세계에서는 인간의 마음으로 만들 수 있는 모든 것이 복제되고 아무런 비용 없이 무한히 배분될 수 있다. 사고가 전지구적으로 퍼지는 것은 너희의 공장과는 아무 상관이 없다.

날로 늘어가는 적대적이고 식민지적인 조치들은 우리로 하여금 자유를 사랑하고 스스로 결단했던 자율적인 우리의 선조처럼 먼 곳에서 온 제복의 권위를 거부하도록 만든다. 비록 우리가 우리의 육체에 대한 너희의 지배를 받아들이지만 이제 너희의 지배에 견딜 수 있는 우리의 가상 주체를 선언해야 한다. 우리는 우리 자신을 지구 전체로 퍼뜨려 아무도 우리의 생각을 추적하지 못하도록 할 것이다.

우리는 사이버스페이스에서 마음의 문명을 건설할 것이다. 그것은 너희 정부가 이전에 만든 것보다 더 인간적이고 공정한 세상이 될 것이다.

스위스, 다보스
1996년 2월 8일
존 페리 발로

아날로그와 디지털을 만나게 하라

디지털 세상의 맹주가 되기 위해 과거 아날로그계의 제왕들이 서로 앞을 다투어 뛰고 있다. 직장마다 정보화의 강령이 내걸리고 디지털화의 깃발이 곳곳에 나부낀다. 그런데 정말 산업화에 뒤진 자가 정보화에 앞장설 수 있는가? 후진 아날로그 생산자가 선진 디지털 상품을 만들 수 있는가? 아날로그 세계의 숱한 부실 공사를 묻어두고 디지털만이 살 길이라고 뒤도 안 돌아보고 돌진하는 현재의 풍토에 문제는 없는가? 디지털 선동이 난무하는 지금 우리는 다시 한번 우리의 선 자리를 둘러볼 필요가 있다.

정보화 시대에 앞서나가려면 디지털과 아날로그가 서로 만나야 한다. 이것은 중소기업과 대기업, 젊은 세대와 중견 세대, 과학과 문화가 만나는 일이다. 광속으로 흘러오는 디지털의 급류에 휘말려 전복되지 않으려면 아날로그의 창조성을 디지털로 계승해야만 한다. 우리는 지금 아날로그와 디지털이 만나는 접점에 주목해야 한다. 아날로그와 디지털의 접점에 불을 지펴야 한다. 아날로그의 창조력이 디지털 시대로 이어지고 이것이 새로운 창조와 진보의 원동력으로 작동하려면 아날로그의 유연성과 디지털의 속도를 겸비한 새로운 인간의 출현을 모색해야 한다. 이것은 디지털 신도시를 만드는 일도, 정책 지원을 하는 것도, 멀티미디어 단지를 조성하는 일도 아니다. 디지털과 아날로그의 가교를 만드는 사람이 모이게 하고 만나게 하고 이들이 활동할 무대를 마련해 주는 일이다.

앞으로 디지털 세상이 본격화되면 아날로그 단계를 거치지 않은 디지털 태생의 문화가 생겨날 것이다. 그러나 아직까지 사이버스페이스는 현실 세계의 덤이다. 사이버스페이스가 현실 세계의 덤인 이유는 현실에서 아날로그가 중심을 이루며 현실의 권력 관계가 아날로그를 중심으로 이루어지고 있기 때문이다. 아톰과 DNA의 세계는 비트의 세계보다 우월하다. 아톰 없는 비트는 존재 불가능하다. 비트의 실체도 따지고 보면 아톰인 것이다.

사이버스페이스, 네트의 세상, 인터넷, 가상 공동체 등의 담론이 비트의 세상이 따로 존재하는 것 같은 착각을 주지만 이 세상 어디에도 그런 공간은 존재하지 않는다. 비트와 네트로 엮어지는 새로운 공동체, 그를 사용하는 사람들의 생활 방식, 사업하는 방식의 변화, 사람을 만나는 방식의 변화가 사이버스페이스를 존재하게 한다.

진정한 정보화·디지털화는 정보 단지의 구축이나 PC의 보급으로 이루어지지 않는다. 우리의 아날로그 삶의 텃밭을 갈아엎고 거름을 듬뿍 주는 일이 무엇보다 중요하다. 아날로그는 디지털의 모태이다. 서로 나눌 지식과 정보의 창조 없이 디지털 참세상의 도래를 말할 수 없다. 발빠른 사업가의 수완이나 정치가의 제스처 정도로 이루어질 디지털 세상이라면 그건 우리의 진정한 관심을 끌지 못한다.

새로운 디지털 문화를 꽃피우려면 지식을 주입하는 풍토를 벗어나 지식과 정보를 나누는 방식으로 변화하는 것이 필요하다. 지식을 독점하고 이것을 먹이 주듯 학동들에게 나누어주던 과거의 주입식 발상에서 지식이 나누어지고 함께 만드는 것이라는 공동체적 관점으로 전환할 때 우리의 디지털 곳간은 한층 더 풍요로워질 수 있을 것이다.

산업 혁명기의 선반이 육체의 힘을 확장한 것과 마찬가지로 컴퓨터는 마음과 지식의 힘을 확장한다. 컴퓨터는 1년이 걸려도 온전하게 계산하지 못할 수식을 불과 1~2초 사이에 해결하고 방대한 정보를 전인류가 공유할 수 있도록 만든다. 산업 혁명기의 기술이 육체적 근력을 확장하였다면 디지털 혁명의 기술은 마음을 확장한다. 이런 차이점은 단지 지식 사회나 정보 사회의 도래를 넘어 새로운 공동체의 지평을 여는 새로운 혁명적 효과로까지 과대 포장되기도 한다.

사이버스페이스라는 것이 현실과 동떨어져 있는 완전한

별세계가 아닌 것처럼 디지털 세상도 현실 세계의 일부분임에 틀림없다. 사이버스페이스란 가상 현실에서 뚝 떨어져 나온 도깨비도 아니고 우리의 일상과 무관한 것도 아니다. 그것은 바로 우리의 일상적 삶이 엮어내는 자그마한 실천과 구체적인 일상사의 모음에 불과하다. 현실 세계의 온갖 부조리와 비문화적·반문화적 행태를 고스란히 보존하면서 사이버스페이스만의 깨끗한 문화를 기대하기란 나무에서 고기가 열리기를 바라는 것과 다름없는 것이다.

디지털 문화는 그 자체로 고정되거나 이미 결정된 완결물이 아니다. 디지털 문화는 네트라는 터전에 뿌려진 작은 씨앗이다. 네트의 환경과 씨앗의 성분에 따라 나쁜 열매가 맺힐 확률도 존재하며, 열매를 맺지 못하는 불임의 문화가 될 가능성도 있다. 그런가 하면 미래의 대안 문화로서 창조성과 주체의 자율성을 마음껏 실현하는 새로운 문화 양식으로 대두할 개연성도 있다. 따라서 디지털 문화를 하나의 과정으로 받아들이는 열린 자세가 필요하다. 왜냐하면 모든 문화적 실천의 주체는 인간이고 그런 면에서 디지털 문화의 기술적 측면이 곧바로 디지털 문화의 가능성과 한계를 결정하지는 않기 때문이다.

네트와 디지털 문화

디지털 문화는 공동체 문화이다

문자와 인쇄 기술은 전문화와 분리를 조성하고 장려한다. 전자 기술은 통일과 참여를 조성하고 장려한다. (맥루언, 『미디어는 마사지이다』)

정보 통신 기술은 모든 것을 바꾼다. 가족과 교육·직장·이웃·정부, 모든 것이 변하고 있다. 우리는 최근 들어 디지털 정보 통신 기술이 정치를 민주화하고, 문화의 생산과 소비를 민주화하는 잠재력을 갖고 있다는 주장을 심심찮게 듣는다. 물론 이러한 낙관적인 예견만 있는 것은 아니다. 정보 통신 기술이 고급 문화를 타락시키고 저질 모방 문화를 걷잡을 수 없이 확산시키리라는 부정적 견해도 있다. 디지털 정보 통신 기술은 의사 소통 방식뿐만 아니라 문화 차원에서도 여러 가지 변화를 몰고 온다.

사이버스페이스는 분명히 새로운 기술의 소산이다. 컴퓨터와 통신의 결합이 이러한 공동체를 이루는 근거를 제공하였다. 그러나 단순히 기술만으로 공동체가 이루어지는 것은 아니다. 사이버스페이스는 1) 네트워크로 연결되어 있는 컴퓨터, 2) 네트워크를 통해 전달되는 정보, 3) 네트워크를 사용하는 사람들로 구성된다. '사이버커뮤니티'는 특히 '네트워크를 사용하는 사람들'의 의사 교환과 이를 지속하려는 공동의 의식적인 노력을 통해 만들어진다. 네트워크 연결 기술과 하드웨어, 그리고 네트워크를 통해 전달되는 자료와 정보만으로는 커뮤니티를 구성하지 못한다. 새로운 미디어의 특징으로 제시되는 양방향성과, 멀티미디어만으로는 과거의 미디어와 다르다는 의미에서 뉴 미디어는 될 수 있어도 새로운 공동체를 구성하지는 못한다.

PC 통신과 인터넷은 미디어인 동시에 하나의 공동체를 이루는 새로운 환경이다. 그런데 미디어만으로는 공동체를 만들지 못한다. 맥루언의 말처럼 미디어는 '인간 몸의 확장 *the extensions of man*'일 수는 있어도 그 자체가 인간 공동체를 만들어내지는 못한다. 기존의 매스 미디어와 같은 '일 대 다'의 관계로는 공동체가 이루어지지 않는다. 텔레비전은 미디어이지 인간의 공동체를 구성하는 환경이 아니다. 공동체가 이루어지려면 사람들이 만나는 공동의 광장이 있어야 하며, 의사를 소통하는 도구가 있어야 하고, 그들이 만드는 공동의 가치와 신념 그리고 행위가 있어야 한다. PC 통신에는 이런 요소들이 모두 갖추어져 있다. 이런 맥락에서 네트는 뉴 미디어일 뿐만 아니라 새로운 인간 생활의 환경이자 조건이다.

'다수 대 다수'의 새로운 만남의 공간이 만들어지면서 만남의 방식도 과거와 달라지고 있다. 디지털 정보 통신 기술은 비즈니스의 도구에만 그치지 않는다. 네트는 이제 대중 문화의 영역으로 진입하고 있다. 정보 통신 기술이 대중 문화의 지형을 바꾸는 핵심 기술로 부각되고 있는 것이다. 네트는 연결과 참여의 문화를 북돋운다. 모뎀이 삑삑거리면서 전화선을 통해 네트에 연결되는 소리는 현실 세계와 사이버 스페이스를 갈라놓는 신호음이다. 아이디와 암호를 입력하면 당신은 전세계의 무수한 네티즌과 연결된다. 전화선과 컴퓨터를 통한 연결은 사람의 가슴을 들뜨게 만든다. 생면부지인 상대편과 자료와 정보를 나누고 공동의 관심사를 교환하는 행위는 분명 지구촌 사회의 새로운 경험이다. 바로 여기에 '연결 *wired*'이라는 말의 매력과 위력이 있다.

네트와 컴퓨터 통신은 만남의 형태를 바꾼다. 컴퓨터 통신의 전자 게시판은 컴퓨터 통신을 사용하는 모든 사람에게 열려 있다. 편집위원이 실릴 글을 선별하거나 자신의 잣대로 자르지 않는다. 구성원 전체의 자유로운 참여가 보장되어 있는 컴퓨터 통신은 열린 문화를 지향한다. 동호회는 서로 취미가 같은 구성원간의 친목과 정보 교환을 통하여 구성원의 적극적인 참여를 도모한다.

한편 컴퓨터 게임은 노는 방식도 바꾸어놓는다. 동네 골목이 자동차에 점령당하고 텔레비전이 아이들을 방안으로 끌어모으면서 참여형 놀이인 스포츠와 보고 즐기는 놀이인 미디어로 양분되었다. 스포츠 산업이 발전하면서 놀이는 다시 한번 놀이하는 사람을 소외시켰다. 그런데 컴퓨터 게임은 직접 참여하는 놀이의 기능을 다시 회복시킨다. 전자 게임은 매스 미디어 문화의 수동적인 오락의 틀을 벗어나 새로운 참여적 놀이의 지평을 열어놓고 있다. 게임의 열린 공간은 참여자의 적극적 사고와 개입을 통해 새로운 오락의 경지를 열어놓는다. 게임도 역시 당대 문화의 산물이라는 점에서 게임 시나리오와 그에 필요한 음향과 영상 등 여러 가지 구성 요소를 창조하는 문화의 잠재력과 능력이 매우 중요한 의미를 갖게 된다.

머드의 경우 게임의 열린 가능성은 더욱 커진다. 다수의 참여자가 동시에 참여하여 새로운 상황을 만들어내고 상대의 참여에 의해 상황이 변하고 자신이 취하는 태도가 전체 상황에 영향을 미치는 머드의 경우 오프라인 전자 게임이 갖는 개인의 고립성을 극복하고 가상 현실에서 새로운 공동체를 만듦으로써 아이덴티티의 새로운 실험과 확장을 경험할 수 있는 열린 전망을 제공한다.

그러나 전자 공간이 가져오는 개인화 경향에도 주의하여야 한다. 육체적 접촉이 거세된 익명성의 가상 공간은 자신만의 고치를 틀고 들어앉는 밀실이 될 수도 있다. 현실의 접촉을 최소화하고 자신만의 공간을 찾아 끊임없이 사이버스페이스에 잠입할 경우 네트는 공동체 활성화와는 거리가 먼 전자 밀실로 전락할 것이다.

디지털 문화는 나눔의 문화이다

우리의 세계에서는 인간의 마음으로 만들 수 있는 모든 것이 복제되고 아무런 비용 없이 무한히 배분될 수 있다. (발로, 「사이버스페이스 독립 선언문」)

PC 통신은 정보의 공유와 나눔을 자신의 존재 의미로 여기는 새로운 마인드를 창출한다. PC 통신의 열린 마당은 폐쇄적인 연줄망에 입각해 있는 기존 제도권에 대한 도전이다. PC 통신에서는 제도권의 구린내 나는 타협과 아부를 뛰어넘어 당당하게 대중적 영향력을 과시할 수 있다. 이러한 현상은 기득권에 기대어 권위와 지위를 누리던 소유자적 근성을 파괴한다.

때로는 나눔의 정신이 흘러넘쳐 상용 프로그램까지도 통신망에 올리는 열성 정보 공유자도 출몰한다. 이들의 개방성은 철 지난 자료를 손아귀에 꼭 잡고 남이 그런 자료에 접근할 것을 두려워하는 관료와 구닥다리 학자의 밴댕이 소갈머리와는 상대가 안 된다. 정보의 가치는 소유에서 나오는 것이 아니다. 정보는 쓰면 쓸수록 튼튼해지는 근육처럼 서로 나눌수록 커지는 살아 있는 물질이다.

PC 통신이 활성화되면 PC 통신 작가가 등장하고 동호회를 통해 특정 분야에서 프로를 능가하는 아마추어 마니아가 등장한다. 또한 양방향 독자의 등장을 통해 독자가 적극적으로 내용 전개에 개입하는 사태가 벌어진다. 현실 세계에서는 연줄에 기댄 작가와 학자의 한마디가 무게를 얻지만 이들은 타성과 제도의 구속에서 자유롭지 못하다. 하지만 PC 통신의 게시판이 누리는 인기도는 이미 제도와 권위라는 틀을 벗어난다. 적어도 형식적으로는 누구나 작가가 될 수 있다. PC 통신 조회 수가 신문 구독률만큼이나 큰 마력을 갖는다. 네티즌들은 자기 생각에 동조하고 격려를 보내주는 사람을 네트에서 만나는 즐거움 하나만으로 온갖 자료와 정보를 기꺼이 공유하는 것이다.

민주주의 사회에서 정보는 독점적으로 소유되어서는 안 된다. 정보의 독점은 특혜를 낳고 특혜는 부정을 낳는다. 정보의 독점과 비공개는 협잡과 사기를 키우는 온상이다. 정보의 소유란 사용을 위한 것이지 상품화의 도구나 개인적 소유를 위한 것은 아니다. 이러한 정보의 속성을 제대로 이해하지 못하면 정보 사회의 새로운 문화에 적응할 수 없다.

설악산 맹물도 '생수'로 포장되면 돈 주고 사야 하는 자본주의의 시대에 도대체 정보의 나눔이 어떻게 가능할까? 그 이유는 의외로 간단하다. '디지털 복제'가 아날로그 복제를 대체하고 있기 때문이다. 네트에서 이루어지는 비트의 복제는 아톰의 복제와 달리 복제 비용이 거의 들지 않는다. 디지털 정보 통신 기술은 정보의 생산과 유통 비용을 엄청나게 낮춘다.

아날로그 복제는 대부분 아톰의 복제이다. 아톰의 복제에는 시간과 노력이 들어가고 비용도 만만찮다. 그래서 아날로그 복제품은 대부분 상품으로 팔린다. 그러나 디지털 복제에 드는 비용은 거의 0에 가깝다. 그리고 복제 기술도 대단하지 않다. 키보드로 몇 가지 명령어를 치거나 마우스를 한두 번 누르는 것으로 쉽게 이루어진다. 또한 디지털 복제는 대부분 마음의 창조물, 곧 지적 생산물이라는 특성을 갖는다. 이 점이 아날로그 복제와 디지털 복제를 갈라놓는 지점이다. 아날로그 복제에서 디지털 복제로 이행하는 것은 산업 사회에서 정보 사회로, 포디즘에서 포스트포디즘으로 변화하는 폭과 깊이에 비례한다.

아날로그 복제는 포디즘적 대량 생산 시대의 기계적 복제 방식이다. 아날로그는 사용의 배타성과 일회성이라는 특성을 갖는다. 이에 비해 디지털 복제는 포스트포디즘의 걸맞는

다품종 소량 복제 방식이다. 디지털 복제는 필요할 때 수시로 이루어질 수 있다. 이러한 디지털 복제는 사용의 공유성과 복수성·재가공성이라는 특성을 갖는다.

0과 1의 정보로 구성된 디지털 산물은 그것이 디지털 그림이든, 음향이든, 텍스트이든간에 원본과 복제품이 똑같다. 이러한 디지털 복제물은 아날로그 복제품과 달리 애당초 자신만의 아우라를 갖고 있다. 『와이어드 Wired』의 웹 사이트인 『핫 와이어드 Hot Wired』에서 보는 바와 같이 디지털 복제품은 모니터에 어울리는 독특한 아우라를 갖고 있다. 비트의 복제가 간편하게 이루어지면서 디지털 복제와 변형은 현대 예술의 새로운 지평을 열었다. 물론 이러한 복제와 변형이 창작의 고통을 동반하지 않은 채 기계적으로 이루어짐에 따라 표절과 모작이 확산되고 있는 것도 사실이다. 그러나 예술의 대중화와 창작 주체의 자유로움이라는 측면에서 디지털 복제가 몰고 올 엄청난 지적 혁명의 가능성을 엿볼 수 있다.

디지털 복제는 표절과 복사의 베끼기 문화를 양산할 것인가, 아니면 창의력과 주체성의 문화를 확산할 것인가? 이 질문에 대한 대답은 전적으로 네티즌의 실천에 달려 있다. 디지털 문화는 그 자체로 고정되거나 이미 결정된 완결물이 아니다. 디지털 문화는 네트라는 터전에 뿌려진 작은 씨앗이다. 네트의 환경과 씨앗의 성분에 따라 나쁜 열매가 맺힐 확률도 존재하며, 더 나아가 열매를 맺지 못하는 불임의 문화가 될 가능성도 있다. 또한 미래의 대안 문화로서 창조성과 주체의 자율성을 마음껏 실현하는 새로운 문화 양식으로 등장할 수 있다. 왜냐하면 모든 문화적 실천의 주체는 인간이고 그런 면에서 디지털 문화의 기술적 측면이 곧바로 디지털 문화의 가능성과 한계를 결정하지는 않기 때문이다. 따라서 디지털 문화를 하나의 과정으로 받아들이는 열린 자세가 필요하다.

디지털 문화는 지식 문화이다

> 우리는 사이버스페이스에서 마음의 문명을 건설할 것이다. 그것은 너희 정부가 이전에 만든 것보다 더 인간적이고 공정한 세상이 될 것이다. (발로, 「사이버스페이스 독립 선언문」)

사이버스페이스의 아이덴티티는 물질이 아니라 정신과 마음에 기초한다. 네트 시대의 진보는 물질의 생산력이 아니라 마음의 생산력 확대에서 찾아진다. 산업 혁명은 기계 생산을 통하여 물질의 생산력을 엄청나게 높였다. 산업 혁명기의 생산력은 동력에 의해 움직이는 기계로 상징된다. 기계가 기계를 생산하는 중공업은 산업 혁명의 완성을 뜻한다. 생산력 증대의 상징인 기계는 인간의 근력을 확장시켰다. 팔뚝의 힘과 비교될 수 없을 만큼 강력한 기계가 두 손이 담당해야 하는 노력과 고통을 감소시켰다. 기계 덕분에 육체의 생산력은 크게 증가하였고 20세기 물질 문명은 자본주의라는 경제 체제와 함께 소비 사회의 정점에 오를 수 있었다.

그런데 1970년대말 극소 전자 혁명은 자동화라는 생산력의 획기적인 질적 전환을 가져왔다. 육체의 확장을 완성하는 자동화 혁명이 진행되면서 컴퓨터가 생산에 응용되고 비즈니스에 적극적으로 활용되었다. 1980년대에 퍼스널 컴퓨터가 보급되자 이제 생산력의 증대는 육체와 물질의 영역을 서서히 벗어나 마음과 정신의 영역으로 확장되기에 이른다. 사이버스페이스라는 마음과 정신의 영역이 태동하게 된 것이다. 1990년대에 네트워크를 통해 전세계의 컴퓨터가 서로 연결되는 시점에서 마음의 생산력은 급기야 전지구적 차원으로 영향력을 넓히기 시작한다.

이와 같은 네트의 혁명은 기술과 문화의 결합을 가져온다. 기술과 문화의 결합은 테크노컬처 *techno-culture* 로 발현되고 있다. 음악의 경우 미디 MIDI를 통해 작곡과 편곡, 혼성 모방, 표절, 패티쉬가 아주 쉽게 이루어진다. 테크노컬처에서는 모방과 표절, 창조적인 작업을 구별하기가 쉽지 않다. 이러한 기계 복제의 응용은 일반인이 전문적인 영역으로 진입하는 것을 쉽게 만들었다는 기술적인 차원의 민주적인 효과와 더불어 창조성의 질을 떨어뜨린다는 비판을 받을 수 있다. 미술 분야에서는 컴퓨터 그래픽 *computer graphic*을 사용하여 새로운 이미지 창조와 기존 이미지의 변형과 복사가 쉽게 이루어진다. 전자 글쓰기 또한 표절과 복사에서 예외가 아니다. 디지털 시대의 복제는 정신과 마음을 복사한다. 네트에서는 정신과 마음이 손쉽게 복제될 수 있다. 네트 바이러스의 무서운 번식력과 자가 증식력이 실제로 이루어지고 있는 것이다.

이러한 네트 시대에서 지식이 갖는 의미도 변화하고 있다. 한때는 글읽는 능력을 갖춘 자가 지식인이었다. 실천의 시대에는 행동하는 지식인이 요구되었다. 이제는 데이터와 정보를 짜맞추어 활용하는 능력이 지식인의 필요 조건으로 간주된다. 디지털 시대의 지식의 생산과 유통·분배·소비에 관한 정치 경제학적 분석이 필요한 시점이다.

이러한 지식의 위상 변화와 더불어 정보 불평등 문제가 드러나면서 정보 빈자와 정보 부자, 정보 거지의 문제가 제기된다. 그러나 정작 중요한 것은 정보 활용 능력의 문제이다. 아무리 많은 정보에 접근할 수 있고 엄청난 데이터를 소유하고 있다 하더라도 그것을 효율적으로 재조합하고 새로운 정보를 만들어낼 수 있는 지적 역량이 없으면 아무짝에도 쓸모없는 정보 쓰레기 집하장이 되어버린다. 정보에 관한 정보, 곧 메타 정보 *meta-information*가 중요시되는 이유도 이런 데서 찾아진다.

디지털 문화는 대항 문화이다

불안의 시대는 대부분 어제의 도구, 과거의 개념으로 오늘의 일을 하려 들기 때문에 생겨난 것이다. (맥루언, 『미디어는 마사지이다』)

새로운 기술의 자유주의적 요소에 주목한 많은 사람들이 디지털 문화의 해방적 잠재력을 강조한다. 새로운 매체로 과연 무엇을 해야 할까? 컴퓨터가 아이들의 게임기로, 가정주부의 가계부로, 아빠의 업무용 프리젠테이션 작성기로, 언니 오빠의 리포트 작성기에 머물러서는 디지털 문화의 앞날을 기약하기 힘들다. 새로운 매체로 구식의 전통적인 일거리를 처리하고 있다면 이것은 정작 디지털 문화의 퇴행을 자초하는 격이다. 컴퓨터를 타이프라이터로 쓰는 데서 한걸음도 나가지 못해서는 디지털 문화의 새로운 싹을 피울 수 없다.

이런 점에서 젊은이들이 PC 통신의 주요 사용자라는 점은 일단 긍정적인 의미를 던져준다. 젊은이는 이미 변화된 환경 속에서 생활하기 때문에 과거의 개념이나 도구로 현실을 재단하려 들지 않는다. 현실의 변화에 자동적으로 몸을 싣는 젊은이들은 기술과 문화의 만남에 저항하지 않는다.

디지털 문화는 문화 생산자와 소비자간의 단절과 구분을

부숴버린다. 디지털 문화에서는 문화 소비자라는 말보다 문화 사용자, 혹은 문화 생산-소비자라는 말이 더 현실적이다. 더 나아가 사용자는 내용에 개입하여 변형과 조작을 가할 수 있다. 디지털 문화는 일방적인 지시와 명령의 닫힌 구조를 부수고 양방향적인 의사 소통의 열린 구조로 이행을 촉진한다. 텔레비전 프로그램에 대한 PC 통신의 고발이나 정치 행위에 대한 감시, 지역 및 중요 이슈에 대한 온라인 보도는 거대 매스 미디어의 일방적인 지배에 쐐기를 박는다. 사회 문화 행태에 대한 개입과 실천의 장이 디지털 문화를 통해 새로 열리고 있는 것이다.

네트에서 활동하는 아마추어 마니아들은 어쭙잖은 프로들의 게으름과 기만을 용납하지 않는다. 인기 그룹 '룰라'의 표절 파문을 돌이켜보면 통신망이 대중 문화에 막대한 영향력을 미침을 알 수 있다. PC 통신은 인기 정상을 달리던 그룹을 하루아침에 날려버리는 위력을 보여주었다. 통신망의 사회 문화적 영향력은 일반 사용자의 개입을 통해 이루어진다는 점에서 훨씬 더 대중적이고 직접적이며 참여적이고 창조적이다. 이러한 파급 효과는 대중 매체와의 교환을 통해 그 사회 문화적 효과를 눈덩이처럼 불린다.

온라인에서 인기를 끈 소설이 인쇄 매체로 발간되어 인기를 끄는 현상은 무엇을 의미하는가? 현실 세계와 네트의 사이버스페이스간에 만리장성은 없다. 온라인에서 오프라인으로 진출한다는 것은 가상 공간에서의 영향력이 가상적으로만 존재하지 않음을 보여준다. 통신망에 대중 매체의 평이나 선전이 실리고 반대로 텔레비전에서 통신망을 이용하여 시청자의 의견을 받거나 통신망의 내용을 간접 중계하는 미디어의 크로스오버 crossover 현상도 생겨나고 있다. 이러한 두 매체간의 상호 작용은 앞으로도 계속될 것이다.

그렇다면 디지털 문화는 과연 대안적인 문화로 성장할 수 있을까? 네트가 이전의 매체에 비해 새로운 내용을 담아내고 새로운 구조를 가지며 새로운 사회적 효과를 발휘한다면 새로운 매체는 대안적 매체로 성장할 잠재력을 갖는다고 볼 수 있다. 주류와 안전의 유혹을 벗어나서 반항의 정신을 키워나가는 것, 그리고 주류 문화에 대항하여 새로운 대항 문화를 키워나가는 것이 무엇보다 중요하다. 그렇게 되려면 온라인과 오프라인의 공조와 배합을 잘 활용하는 지혜를 발휘해야 한다. 온라인에서 형성된 공감과 영향력은 오프라인의 실제 생활 세계로 이전될 수 있다. 온라인 모임이 수시로 오프라인 모임을 통해 구성원의 육체성을 확인하고 그들간의 유대를 강화한다면 온라인 모임은 더욱 강력한 틀로 확대될 수 있다. 미국의 통신법 개정을 둘러싸고 이루어졌던 온라인 항의 캠페인과 오프라인 시위는 온라인과 오프라인의 효율적 배합이 여론 형성과 헤게모니 장악에서 탁월한 효과를 갖는다는 사실을 잘 보여준다.

네트는 인간의 문화적 DNA를 복제한다. 복제된 문화의 DNA는 네트라는 배양기에서 국경과 시간을 초월하여 증식한다. 디지털 복제물인 비트는 DNA처럼 자기 증식성을 갖는다. 비트는 비트를 낳고 비트가 낳은 비트는 또 비트를 낳으면서 비트의 증식은 계속된다. 문화 DNA의 디지털 복제가 갖는 위력은 바이러스의 증식처럼 폭발적이고 위협적이다.

맥루언은 새로운 전자 기술이 통일과 참여를 조성한다고 보았다. 그의 말대로 인터넷은 국가간의 지리적 경계를 허물면서 네티즌의 통일과 참여를 촉진하고 있다. 인터넷은 맥루언이 지적한 지구촌이란 말에 현실감을 바짝 불어넣었다. 지역주의와 국가주의, 편협한 인종주의는 인터넷의 범지구주의적 영향 아래서 과연 얼마나 끈질기게 살아남을 수 있을까? 지구촌 시대에 여전히 '지역 감정'을 불러일으키고 연고주의로 사람을 가르고 파당을 지어 자신만의 이해를 추구하는 밴댕이들을 어떻게 소탕할까? 디지털 문화는 이러한 밴댕이들을 잡는 특효약이 되어야 할 것이다.

인터넷의 미래

디지털 혁명과 인터넷의 성장

 사람들은 인터넷에 대해 서로 다른 꿈을 꾸면서 새로운 네트워크가 사회에 몰고 올 여러 가지 영향에 대해 이야기한다. 그런데 인터넷의 성격을 일방적으로 규정하기에는 인터넷의 모양이 아직은 너무나도 가변적이다. 인터넷의 윤곽을 잡아내기 위해 통계를 인용하는 이 순간에도 인터넷은 변화하고 있다. 인터넷에 대한 '기술 유토피아'적 기대나 암울한 전망은 인터넷을 하나의 고정된 실체로 파악한다는 점에서 서로 크게 다르지 않다.

 인터넷은 인간의 실천에 의해 변화되는 존재이기 때문에 닫혀진 도식이 아니라 열린 틀로 바라볼 필요가 있다. 인터넷에는 미리 예정되어 있는 발전 단계가 없다. 이미 현실의 일부가 된 인터넷의 앞날은 결국 사용자들의 실천에 달려 있다고 보면 너무 당연한 얘기가 될까?

 인터넷은 20세기말의 산꼭대기에서 21세기로 굴러떨어지는 눈덩이 같은 존재이다. 이것이 어떤 가속도로 우리에게 굴러떨어질지, 얼마나 커다란 눈덩이로 불어날지, 최종적인 모습이 어떠할지, 우리 생활에는 어떤 영향을 미칠지를 정확하게 예측하기란 쉬운 일이 아니다.

과연 인터넷의 앞날은 어떻게 될까? 현재의 추세를 근거로 인터넷의 앞날을 예측해보면 양적인 측면에서는 1) 네트워크의 지속적인 성장, 2) 네트워크의 전세계적 확장, 3) 네트워크 사용층의 확대, 4) 멀티미디어 서비스의 증가와 같은 변화가 예상된다. 먼저 인터넷에 연결된 호스트 수와 네트워크의 규모 및 사용자 수의 추이를 살펴보면 연결 호스트 및 네트워크, 사용자가 지수함수적으로 증가함을 확인할 수 있다. 인터넷은 마치 바이러스가 핵분열하듯 1년마다 자신의 덩치를 두 배로 키우는 지수함수적 속도로 증가하고 있다.

둘째, 인터넷망의 전세계적 확장 *globalization* 추세를 확인할 수 있다. 인터넷의 초기 모태인 ARPANet가 중단되고 상업적인 인터넷이 출범한 1989년 이래 인터넷망의 골간인 NSFNet에 연결된 네트워크의 나라별 추세를 보면 전체 네트워크에서 미국이 차지하는 비율이 꾸준히 줄어들고 있음을 확인할 수 있다. 1989년에 NSFNet에 연결된 전체 네트워크의 85%를 차지하던 미국 네트워크의 비율은 1995년에 이르면 56%로 줄어들었다. 1997년말경에는 미국이 차지하는 비율이 50% 아래로 내려갈 것이라고 전망된다(〈표-1〉 참조).

〈표-1〉 인터넷(NSF)에 연결된 네트워크 추이

	미국	미국 이외의 나라	전체 네트워크	미국이 차지하는 비율
1989	551	99	650	85%
1990	1,291	436	1,727	75%
1991	2,074	1,012	3,086	67%
1992	3,898	2,133	6,031	65%
1993	8,294	5,827	14,121	59%
1994	20,791	15,362	36,153	58%
1995	39,308	30,459	69,767	56%
1996	85,315	73,283	158,598	54%

비고: 각 연도 7월 기준, 1996년은 추정치임.
자료: URL ftp://nic.merit.edu/nsfnet/statistics/history.
netcount.

이런 현상을 근거로 인터넷에서 차지하는 미국의 영향력이 매년 감소하고 있다고 속단할 수는 없다. 글로벌 네트워크인 인터넷이 미국만의 네트워크로 전락하는 것은 미국에게도 의미가 없다. 오히려 전세계 모든 나라가 인터넷에 접속하는 것이 미국의 국가적인 이해 관철에 필요한 전제 조건일지도 모른다. 양과 포괄 범위에서는 전지구적 네트워크를 형성하고 그를 내용적으로 지배하는 방안이 미국적인 네트 제국주의의 구도에 오히려 부합하는 방식일 것이다.

셋째, 네트 참가자의 범위가 초기의 연구 전문자에서 일반 대중으로 폭넓게 확산되고 있다는 점을 확인할 수 있다. 사용자가 쉽게 접근할 수 있는 인터페이스 개발과 다양한 형태의 정보를 제공하는 능력이 향상됨에 따라 인터넷은 초기의 연구 전문 매체에서 점차 대중적 매체로 확대되고 있다. 이러한 추세는 앞으로 더욱 가속화되어 마치 현재의 텔레비전처럼 일반인의 인터넷 사용이 보편화될 것이다.

넷째, 멀티미디어 서비스의 일반화를 들 수 있다. 1993년 웹 브라우저인 모자이크가 보급되면서 멀티미디어 서비스가 가능하게 되자 웹의 사용이 크게 늘기 시작했다. 1993년 6월에 130개에 불과하던 웹 사이트는 1994년 6월에는 2,738개, 1995년에는 100,000개, 1996년에는 230,000개로 급증하게 된다. 인터넷의 근간을 이루는 NSFNET 백본망 사용 비율을 보면 다음의 〈표-2〉와 같다.

〈표-2〉 NSFNET Backbone망 사용 비율

	ftp	telnet	netnews	irc	gopher	email	web
93/ 6월	42.9	5.6	9.3	1.1	1.6	6.4	0.5

93/12월	40.9	5.3	9.7	1.3	3.0	6.0	2.2
94/ 6월	35.2	4.8	10.9	1.3	3.7	6.4	6.1
94/12월	31.7	3.9	10.9	1.4	3.6	5.6	16.0
95/ 3월	24.2	2.9	8.3	1.3	2.5	4.9	23.9

자료: Matthew Gray, "Internet Statistics: Growth and Usage of the Web and the Internet," URL http://www.mit.edu/people/mkgray/net/

이는 인터넷을 통한 멀티미디어 서비스의 단초를 보여주는 것으로서 전송 속도의 문제가 해결될 경우 미래의 멀티미디어의 기간 매체로 성장할 가능성을 보여준다.

네트의 질적 성격 변화

이러한 인터넷의 양적 변동과 더불어 네트의 성격도 질적으로 변화하고 있다. 인터넷은 초기에 냉전 시대의 네트워크로서 출발하여 연구망으로 확대되다가 NSF의 교육망에 주도권을 넘겨준 후 최근에는 급격한 상업망의 증가로 사유화되는 순서를 밟고 있다. 전세계적 규모의 네트워크와 엄청난 사용자에 주목한 기업들이 속속 인터넷에 접속하면서 최근에는 월드 와이드 웹 WWW에서 회사가 차지하는 비율이 크게 늘어나고 있다. 정보 제공의 주력이 기업으로 전환할 경우 인터넷의 기본 성격이 변화할 가능성이 있는 것이다.

자유주의가 근간을 이루던 네트에 국가와 자본이 개입할 틈새를 찾고 있다. 인터넷의 상업화를 지적하는 논자들은 자본의 개입을 통하여 철저하게 상업화된 제2의 인터넷이 만들어질 것을 걱정한다. 사람들이 걱정하는 '신인터넷'이란 인터넷의 분권적이고 자유로운 개방적 성격이 퇴색되면서 국가와 자본의 개입 때문에 중앙 집권적 통제가 강화되며 공동체가 상실되는 암울한 네트이다.

네트의 상업화와 국가 개입은 현재 인터넷에서 가장 논란이 되는 부분이다. 1996년초에 통신품위법을 둘러싸고 미국 정부와 네티즌간의 한판 싸움이 벌어진 바 있다. 결과는 법원에서 이 법률에 대한 위헌 판결이 내려짐으로써 네티즌의 승리로 일단락되었지만 앞으로 국가가 인터넷에 개입할 구실과 명분은 도처에 깔려 있다.

정부는 디지털 저작권에 이해를 갖고 있는 정보 자본가들의 이해를 도모하기 위해 네트에서 오가는 정보에 통행세를 받고자 골몰하고 있다. 통신품위법을 둘러싸고 벌어졌던 국가와 네티즌간의 일회전은 네티즌의 판정승으로 끝났지만 이제 지적 재산권 문제를 둘러싸고 네티즌과 자본-국가 연합 사이에서 불꽃 튀는 공방이 벌어질 것이다.

그러나 초기 인터넷의 자유로운 개방 구조와 이를 바탕으로 한 네티즌의 영향력과 자체 방위력도 그리 만만히 볼 상대는 아니다. 그들은 20세기말에 새롭게 등장한 사이버스페이스라는 공간이 국가와 자본에게 유린당하는 것을 수수방관만 하지는 않을 것이다. 더구나 네트를 통해 이루어지는 사이버스페이스란 공간은 우리의 육체가 거처하는 현실의 공간과 달리 생활 세계의 존재 구속성을 갖고 있지 않다. 사이버스페이스는 온라인으로 네트에 접속할 때만 그 모습을 드러내는 말 그대로 가상의 공간이다. 가상 공간이 현실의 육체에 미치는 영향력은 현실 공간만큼 절대적이지 않다. 사이버스페이스의 침투에 저항하는 가장 마지막의 선택 방법은 네트를 떠나는 길이다. 네티즌이 떠나버린 네트는 텅 빈 전자 기억 장치와 전선에 불과할 것이다.

또 하나의 가능성은 현재의 인터넷과 별개로 거대 자본이 중심이 되어 새로운 전지구적 망을 만들고 처음부터 상업화하는 '제2의 인터넷' 구상이다. 현재 인터넷 접속 네트워크의 지수함수적인 증가와 사용자의 급증으로 인터넷 접속과 소통에 문제가 발생하여 인터넷이 스스로의 몸집을 이겨내지 못한 공룡과 마찬가지로 조락할 날이 멀지 않았다는 전망이 제시되기도 한다. 이러한 문제점은 1996년 '인터넷이 과연 살아남을 수 있을까' 라는 주제를 내건 INET 96 회의에서도 제기된 바 있다. 1996년 몬트리올에서 열린 INET 96 회의에서는 인터넷 사용자의 급속한 확산에 따른 엄청난 체증이 인터넷의 미래를 위협하는 가장 큰 문제로 지적되었다. 이러한 위기가 망 접속과 관련된 기술적인 차원의 문제라면 이를 해결할 기술이 개발되면 간단히 끝날 문제이다. 따라서 체증 문제는 기술 개발로 해결할 수 있다는 낙관적인 전망이 주류를 이루었다. 반면 인터넷에 개입하는 정부 권력의 검열과 상업화 문제에 대해서는 설득력 있는 대안이 논의되지 못하였다. 단순히 망 접속과 관련된 기술적 문제가 아니라면 새로운 전지구적 네트의 형성 가능성은 여러 곳에서 찾아진다.

전화 회사와 케이블 회사가 합병하고 소프트웨어 회사와 기존의 미디어사들이 제각기 흡수 합병에 열을 올리는 미디어의 신자유주의 환경에서 새로운 제2의 인터넷이 구상될 수 있다. 미국의 NII와 GII 구상은 원래 이러한 전세계적 네트워크를 구축하려는 시도였다. 그러나 웹의 등장과 함께 기존의 인터넷 사용자가 엄청난 숫자로 늘어나고 대중화되면서 현재의 인터넷을 무시하고 새로운 망을 건설하는 것이 매우 어렵다는 사실을 확인하면서 이러한 구상은 잠시 주춤거리고 있는 듯하다. 전세계적 규모의 방대한 네트워크 연결, 자유로운 정보 생산과 유통, 멀티미디어의 가능성, 완벽한 양방향 통신, 유연하고 안정적인 네트워킹은 인터넷을 각 나라가 경쟁적으로 추구하고 있는 정보 고속도로의 원형으로 자리매김하는 주요 요인으로 작용한다. 케이블 회사와 여러 미디어 관련 업계의 뉴 미디어 실험과 정보 고속도로 구상은 새로운 망이 아니라 인터넷을 활용하는 방안으로 대체되고 있다. 이러한 구상 때문에 인터넷을 상업화하려는 시도가 부쩍 늘어나게 되었고 수많은 회사들이 경쟁적으로 네트에 자신들의 줄을 대기 시작하였다.

그러나 어떤 거대 자본이 독자적인 망을 통하여 유료 서비스를 제공한다고 하여도 그 망은 인터넷과 같은 열린 구조의 장점을 유지하기 힘들다. 전세계에 거쳐 1,000만 대 이상의 컴퓨터가 '아래-위'가 아니라 서로 대등하게 '수평적으로' 연결되어 있는 '네트의 네트'는 현재 인터넷밖에 없다. 인터넷이 비록 다양한 사용자들이 올려놓은 엄청난 정보로 넘쳐나고 그것이 때로는 쓰레기 정보로 오염되고 있다는 비난을 받을지언정 1억 명의 사용자가 서로 만날 수 있는 개연성을 갖고 있는 전지구적 네트는 인터넷 이외에는 없다. 바로 이 점이 거대 소프트웨어 업체인 마이크로소프트사가 전지구적인 차원에서 MSN이라는 독자적인 망을 통해 네트를 정복하려던 초기의 시도에서 선회하여 인터넷이라는 기존 망에서 치열한 승부를 벌이게 만든 요인이다.

네트의 미래

인터넷에서는 사상과 표현의 자유를 기치로 내건 자유주의 *liberalism* 이데올로기가 일반화되어 있다. 이에 대한 반론과 비판도 만만치 않지만 네트의 초기 성장은 분명히 자유주의를 내건 개인의 권능 강화에 힘입은 바 크다. 앞서 지적한 것처럼 인터넷의 앞날이 사용자의 개입과 실천에 달려 있다면 과연 누가 인터넷의 앞날을 좌우하게 될까?

물론 다양한 구성을 갖는 네티즌의 이데올로기를 단순히 자유주의로 몰아붙이는 것은 온당하지 않다. 이들의 세계관은 자유주의자를 중심으로 사이버스페이스의 독립성을 주장하는 골수 아나키즘에 이르기까지 여러 가지 정치적 스펙트럼에 걸쳐 있다.

캘리포니아의 실리콘 밸리는 초기 인터넷을 틀지은 자유주의 사상에 입각하여 '기술 유토피아'의 장밋빛 전망을 전 세계에 발산하고 있다. 서부 개척자와 히피의 문화적 피를 이어받은 엔지니어들과 네티즌들이 기술 유토피아를 꿈꾸며 네트에 자유주의의 만리장성을 쌓고 있는 것이다.

『와이어드』지로 대표되는 '캘리포니안 이데올로기'는 기술 혁명가 그룹을 중심으로 한 '가상 계급'의 소프트 이데올로기이다. 새로운 기술에 대한 전폭적인 지지와 미래에 대한 낙관적 전망이 이들의 세계관을 이룬다. 개인의 권능을 강화하는 인터넷은 탈중심화의 매체로서 새로운 사회 변혁의 중요한 수단이자 그 자체가 새로운 공동체를 만드는 미디어 이상의 의미를 갖는다.

이러한 사이버스페이스라는 가상의 세계가 환상과 거짓 자신감을 부풀릴 소지도 있다. 그러나 사이버스페이스가 개인적 문제와 공적 영역의 재활성화하는 새로운 공동체 형성의 가능성을 열어주기도 한다. 다시 말해 인터넷의 앞날은 전적으로 네티즌의 실천에 달려 있다 하겠다.

사이버저널리즘

표준화와 집중화의 상징인 거대 미디어가 새로운 매체의 등장으로 커다란 도전에 직면하고 있다. 기존의 거대 언론 매체는 일방적이고 권력 집중적이었다. 이에 반해 사이버언론은 양방향적이고 참여 기반적인 성격을 갖는다. 사이버언론에서는 거대 언론의 독점에 대항하여 여러 사람이 자기 목소리를 마음껏 낼 수 있다. 사이버언론은 또한 거대 언론이 외면하는 작지만 알찬 주제를 본격적으로 논의하고, 스스로 원하는 주제를 토론하고 공론화하는 장점을 갖고 있다. 인터넷의 뉴스 그룹은 이러한 대안적 언론의 버팀목이었다. 1994년 이후 월드와이드웹이 활성화되면서 상호 작용과 양방향 의사 소통이라는 인터넷 매체의 장점을 십분 발휘하는 여러 가지 웹 사이트가 활성화되었다. 이 가운데 몇몇은 대안 매체로까지 성장하고 있는 실정이다. 다소 과장해 말하자면 이제 누구나 신문사나 방송사를 손쉽게 열 수 있게 된 것이다.

기존의 거대 매체들은 인터넷이 열어준 이러한 지각 변동에 당황하기 시작했다. 매스 미디어 시대의 맹주들은 때를 놓칠세라 앞다투어 홈페이지를 단장하고 나섰다. 거대 언론은 인터넷 안에서도 여전히 거대한 모습으로 우리에게 다가오고 있는 것이다. 그런데 단순히 종이 신문의 내용을 그대로 인터넷 홈페이지에 올리는 것은 별로 큰 영향력을 갖지 못한다. 새로운 매체에 가장 적합한 내용과 형식을 갖춘 자만이 사이버언론의 새로운 강자로 군림할 수 있다. 아니, 어쩌면 '강자'라는 말의 의미가 사라지는 상황이 사이버언론을 통해 도래할지도 모른다.

최근 사이버스페이스에서는 '거대 매체'와 '대안 매체' 간의 서로 완전히 다른 두 가지 흐름을 보게 된다.

사이버스페이스의 거대 매체가 보여주는 흐름 가운데 가장 시사적인 것으로는 '사이드워크 Sidewalk'라는 맞춤 신문과 '포인트케스트 Pointcast'로 대표되는 '신문의 신문'을 꼽을 수 있다. 소프트웨어 산업의 거인 마이크로소프트사가 만든 '사이드워크'는 지역 생활 정보를 집중적으로 제공한다. 특정 지역의 일상 생활과 관련된 정보를 맞춤 정보 서비스로 제공하면서 독자의 정보 요구에 실시간 *real time*으로 대응하겠다는 전략이다. 해당 도시의 문화 행사와 식당·공연·교통 상황 등 각종 생활 정보를 제공하는 이런 서비스는 데이터베이스의 검색 능력과 양방향 통신의 장점을 한데 묶어 창조적인 수요를 개발해낸 사례이다. 앞으로 생활 정보를 대상으로 이와 같은 거대 사이버 매체가 성장할 가능성이 높다고 하겠다.

한편 '포인트케스트'는 기존의 여러 거대 언론 매체를 하나의 웹 사이트에 모은 후 독자가 자신의 취향과 관심에 맞는 부문만 선택하여 읽을 수 있도록 구성되어 있다. 이는 단순히 종이 신문을 네트에 올려놓은 데 그치지 않고 방송과 신문 등의 매체를 통합하면서 새롭고 다양한 서비스를 제공한다는 측면에서 네트의 새로운 언론 양식을 시사적으로 보여준다.

그러면 사이버스페이스의 '대안 매체'는 어떤 모습으로 나타날까? 우리는 생활 정보지가 일상의 삶을 파고들면서 중간 유통상의 존재를 약화시키는 동시에 판매자와 수요자의 직접 거래의 경로를 터준 일을 기억한다. 이러한 생활 정보지의 유통 혁명은 네트의 양방향성이라는 기본 특징에 딱 들어맞는다.

생산자와 소비자의 직접 만남을 쉽게 주선하는 네트의 중매 효과는 여론 형성 과정에서도 그대로 적용된다. 그런 과정을 통해 소극적인 정보의 소비자가 아니라 적극적인 정보 사용자로서의 새로운 모습이 나타날 수 있다. 자기의 의사를 적극적으로 네트에 퍼뜨리고 어떤 사안에 대한 나름의 생각을 적극적으로 드러내는 상호 작용의 언로가 만들어지는 것이다. 그래서 거인들의 독점과 독주보다는 난쟁이들의 다양한 의견과 생각이 함께 어울리는 새로운 패러다임을 고대해 본다.

벤처 거품과 벤처 사업

벤처 거품을 걷어내고 진정한 벤처의 텃밭을 일구자

한국은 지금 경제 위기를 맞이하면서 벤처 기업과 벤처 캐피털에 대해 커다란 기대를 건다. 일간 신문들은 연일 벤처 기업에 대한 기사를 게재하고 정부는 벤처 기업 육성에 한국 경제의 앞날을 배팅한다. 마치 1960~1970년대에 차관과 원조가 한국 경제의 산업화를 촉진한 것처럼 이제 벤처 캐피털이 정보 산업의 활성화를 가져올 유일한 방책인 것처럼 난리를 떤다.

그러나 벤처 캐피털을 대하는 우리의 자세는 치명적인 문제점을 안고 있다. 첫째, 벤처를 구성하는 요소들에 대한 명확한 설정이 없다. 벤처 기업과 벤처 자본 *venture capital*, 벤처 자본가 *venture capitalist* 를 제대로 갈라내지 못하는 실정이다.

둘째, 벤처를 구성하는 요소간의 연관성을 놓쳐버리는 잘못을 흔히 저지른다. 정보 산업을 꽃피우려면 서로 다른 요소와 영역이 함께 만나서 새로운 열매를 맺어야 한다. 그러려면 아이디어와 자본이 서로 만나고, 창의적인 엔지니어와 마케팅 전문가와 투자자가 합심하여 협력할 수 있는 터전이 마련되어야 한다. 그러나 우리의 벤처 정책은 아이디어와 기술 소유자, 시장 전문가, 투자자간의 만남을 중심에 두지 않고 있다.

셋째, 많은 사람들은 벤처 기업의 성공 사례에 열광하지만 그들은 벤처 기업이 태어나고 자라고 열매맺는 과정은 보지 못한 채 성공한 벤처 기업의 결과에만 눈길을 돌린다. 벤처 기업은 아이디어와 기술이라는 씨가 자본을 만나 꽃을 피우고 열매를 맺는 과정이자 결과이다. 따라서 벤처 기업은 아이디어와 기술, 경영과 마케팅, 자본의 삼박자가 맞아떨어질 때 만개한다.

벤처 자본가의 역할

지난 1997년 4월말 실리콘 밸리에서 벤처 자본가들을 만날 기회가 있었다. 6명의 실리콘 밸리 벤처 자본가들이 매리옷 호텔에 모였다. 그레이트풀 데드의 가르시아를 연상케 하는 50대 뚱보 아저씨가 반, 그리고 동부의 세련된 비즈니스맨이 반이었다. 그들 가운데 반 정도는 엔지니어 경력을 갖고 있었고 나머지는 경영을 담당했던 비즈니스맨 출신이었다. 여유 있고 자유로운 서부의 히피와 빈틈없고 계산적인 동부 비즈니스맨을 반반씩 섞어 대충 주물럭대면 벤처 자본가의 이념형이 만들어진다. 참신한 아이디어와 돈이 될 기술을 찍어내어 아이디어와 기술을 기업으로 빚어내는 것이 그들의 역할이다. 그들은 자본가인 동시에 사업가이자 컨설턴트인 동시에 기업 제조자이다. 그런데 과연 한국에 벤처 자본가가 있을까?

한국에는 기술과 경영을 이해하면서 자신의 돈을 쏟아부을 진정한 의미의 벤처 자본가가 없다. 벤처 자본가의 필요 조건은 돈이다. 그리고 충분 조건은 참신한 아이디어와 선진 기술에 대한 식견과 이를 상용화(상품화)할 수 있는 마케팅 감각이다. 3,000~4,000에 이르는 실리콘 밸리의 벤처 자본가들은 대부분 엔지니어 경력이 있거나 비즈니스맨 출신이다. 그들은 기술과 경영에 대한 노하우를 갖고 참신한 아이디어와 새로운 기술에 투자한다. 그들은 돈을 투자하여 아이디어와 기술이라는 무형의 자산을 기업이라는 유형의 자산으로 바꾼다. 이것이 정보 산업에서 벤처 자본가가 차지하는 창조적인 몫이다. 이 점에서 벤처 자본가는 돈 많은 복부인이나 주식 투자자와 다르다.

많은 사람들이 벤처의 핵심이 투자 자본에 있는 것으로 착각한다. 한국에도 무수한 대기(잠재)성 투자(기) 자본이 있다. 그러나 우리에게는 냄새 나는 똥자본만 많다. 과연 아파트와 부동산 투기에 쏟아부은 복부인과 큰손들을 21세기의 벤처 자본가로 전환시킬 수 있을까?

마지막으로 벤처 기업은 창조적인 기술과 디지털 시대의 선도 기술을 갖고 있는 기업을 말한다. 그러나 가장 중요한 것은 기업으로 성장하기 이전 단계에 있는 창의적인 개인과 집단을 기업으로 인도하고 발전시키는 일이다. 아이디어는 문화의 산물이고 기술은 과학의 자식이다. 따라서 문화와 기술을 만나게 하는 작업은 벤처 기업의 씨앗을 만드는 일이며 텃밭을 조성하는 일이다. 씨앗도 좋은 밭도 없이 무작정 거름만 쏟아붓는다고 벤처 기업이 자라나지는 않는다.

먼저 씨앗을 만들라. 그리고 이런 씨앗이 뿌리내릴, 광대한 플랜테이션이 아닌, 텃밭을 우리가 손수 일궈야 한다. 그리고 그 다음에 돈 거름을 뿌리는 일이 뒤따라야 한다. 뿌릴 씨앗도 없고, 뿌릴 텃밭도 없는데, 그 많은 똥거름을 어디다 쏟아부으려는가?

인터넷 열풍과 디지털 시대의 지식인

잘못된 인터넷 열풍과 자격증 시험 시비

1996년은 우리나라에도 인터넷 열풍이 몰아닥친 한 해였다. 일간지들은 하루가 멀다 하고 인터넷과 관련된 기사들을 실었고 인터넷 사용자도 엄청나게 늘어났다. 그런가 하면 인터넷과 관련된 여러 가지 서비스가 신종 사업으로 부각되기도 했다.

디지털 시대에 살아남기 위한 몸부림인지 몰라도 대부분의 일간지들은 인터넷과 뉴 미디어에 사활을 걸다시피 맹목적인 선전에 앞장섰다. 정보화를 구호로 내건 언론 기관은 때로는 전자 유토피아의 환상을 불어넣다가 갑자기 태도를 바꾸어 변화에 뒤지면 낙오자가 된다고 겁을 주었다. 많은 사람들이 이 과정에서 정보화가 자신에게 왜 필요하고, 자신이 그것으로 무엇을 할 수 있고, 무엇을 해야 하는가에 대한 명확한 인식 없이 이리 치이고 저리 차였다.

연초부터 대형 신문사가 선봉에 서서 일 년 내내 인터넷으로 사람들을 어르고 겁주더니 이제 인터넷 자격증을 부여하는 시험까지 등장하기에 이르렀다. 인터넷은 돈 나오라면 돈 나오고, 밥 나오라면 밥 나오는 도깨비방망이인가 보다. 도깨비방망이가 드디어 인터넷 자격 시험이란 괴물까지 불러낸 것이다. 한국정보통신진흥협회와 교육소프트웨어진흥 센터 등의 기관이 인터넷 자격증을 발부하는 시험을 공고하였다.

네티즌들이 이에 즉각 문제를 제기하고 나섰다. 천리안의 네트워크동호회, 해외DB동호회, 나우누리의 인터넷스터디포럼, 유니텔의 정보검색포럼 등 4개 통신 동호회가 공동 명의로 공개 질의서를 이들 단체에 전달했다. 주로 인터넷 시험의 공정성과 무용성을 지적하는 것이지만 비판의 핵심은 이러한 시험의 무용론에 맞추어져 있다. 인터넷을 기술로만 보는 한심한 사고가 몰고 온 또 하나의 '웃기는 짜장'이 아닐 수 없다. 인터넷 사용을 활성화하고 정보화를 앞당긴다는 갸륵한 마음을 알 것 같기도 하지만 이들이 도무지 인터넷을 어떻게 생각하는지 요령부득이다. 진정한 정보화에 역행하는 또 하나의 사기극이 되지 않을까 심히 우려된다.

인터넷 자격증이란 정보화에 앞서기 위해 어린아이에게 영어와 인터넷을 보급하자는 발상처럼 허무맹랑하다. 왜냐하면 네트란 하드웨어일 뿐만 아니라 사용자들의 참여와 지식이 만들어내는 문화이기 때문이다. 인터넷은 기술이 아니라 문화와 지식이다. 주입식 교육의 폐해가 여든까지 가는 우리 실정에서 인터넷조차 주입식 교육의 도구로 전락시키는 우를 범하고 있다. 디지털 시대의 지식에 대한 새로운 시각 없이는 이처럼 한심스런 일이 앞으로도 계속 되풀이될 것이다.

디지털 시대의 지식과 사랑

 디지털 시대는 우리에게 정보와 지식·학문에 대한 근본적인 반성을 촉구한다. 사부를 찾지 못하면 지식과 사상과 기술을 전수받지 못했던 무협지에서 자신의 비법을 아들이나 제자에게만 물려주었던 핏줄 잇기식 전수에 이르기까지 지식은 나눔의 대상이 아니었다. 글줄 읽기에 이력이 난 학승도 지식을 나눌 장치를 적극적으로 마련하지 않았다. 그들은 은근히 혼자 득도하는 것을 지상의 낙으로 삼았다. 인쇄술이 퍼지면서 표현과 사상의 자유가 불거진 이유는 은밀하게 전달되던 지식이 사회화되기 시작했기 때문이다. 기계 복제의 대표 주자인 인쇄술은 이제 디지털 복제 시대의 멀티미디어에게 지식 전달의 역할을 인계하고 있다.

 네트의 시대인 1990년말에 이르러 지식은 정보와 데이터로 환원되는 경향을 보인다. 지혜와 지식은 고대 그리스 시대의 소크라테스 이후부터 갈라진 지 오래이고, 인쇄술이 지식의 정보화에 박차를 가하더니 급기야 디지털 복제의 시대가 도래하여 정보를 데이터(비트)로 수렴시키고 있다. 이제 지식은 지식 자체로 존재하지 않는다. 지식은 정보와 데이터로 분해되고 있다. 그래서 정보와 데이터로 분해된 지식을 다시 꿰맞추는 능력을 가진 사람이 비트 시대의 지식인으로 등장한다.

디지털 시대에는 분해된 정보를 의미 있는 지식으로 결합시키는 능력이 요구된다. 단지 정보를 빨리 찾는 것은 아무런 의미가 없다. 그런데도 우리는 여전히 속도전이다. 정보 검색만으로는 정보와 지식을 서로 결합하는 능력을 연마할 수 없다.

정보는 지식이 아니다. 정보의 결합이 지식을 낳는가? 부분적으로 그렇다. 그러나 정보의 단순한 축적이나 의미 없는 연결은 여전히 정보에 불과하다. 정보와 정보, 지식과 지식 간에 서로 맺어지는 의미의 연결망이 없으면 정보나 지식은 단순히 비트의 부스러기에 지나지 않는 것이다. 하이퍼텍스트라는 연결고리가 없다면 인터넷의 수많은 정보는 서로 고립된 비트 부스러기 창고에 그칠 것이다. 그러나 인터넷의 비트 정보들은 서로 꼬리를 물면서 관계의 고리를 엮어낸다. 그래서 '구슬 서 말을 꿰는 능력'이 없으면 인터넷이 주는 권능을 기대할 수 없다.

이제 네트는 새로운 지식관과 교육을 요구하기에 이르렀다. 학교라는 제한된 장소, 가르치고 배우는 일방적이고 제한된 관계는 조만간 쇠잔의 길을 걸을 것이다. 이런 맥락에서 디지털 시대의 도래가 지식과 배움의 틀을 완전히 바꿔놓을 것이란 확신을 갖게 된다. 디지털 혁명은 지식의 활용과 나눔이라는 차원에서 이전과 전혀 다른 태도를 요구한다. 분명히 지식의 나눔이란 대단히 실용적인 저의를 지니고 있다. 음식 나눠 먹듯 앎도 함께 나누자는 말이다. 그런데 음식을 나누는 것은 같이 먹고 살자는 단순한 차원이지만 지식을 나누는 것은 지속적인 소통·대화·관계를 추구한다. 지식의 경지가 높아질수록 지식의 쓰임새라는 실용적인 수준이 아니라 관계의 차원이 깊어진다.

저급한 지식은 팔 수 있다. 그리고 팔려야 한다. 하지만 관계로 맺어지는 지식은 팔고 사는 것이 아니라 물물 교환, 혹은 사랑처럼 주고받아야 하는 것이 아닐까? 이 점 화폐를 매개로 물상화되는 '지식 상품'이 아니라 '지식 관계'로 형성되는 새로운 존재가 될 것이다. 세례 요한이나 예수가 사람들에게 나누어준 것은 무엇이었나? 지식이었나, 사랑이었나? 아무도 예수가 사람들에게 지식을 전파했다고 말하지 않는다. 왜냐하면 그는 그냥 존재로서 관계를 만들었기 때문이다.

모든 방법론적 도구는 사랑보다 지식에 가깝다. 그리고 사랑은 지식보다 더 존재론적이다. 최고의 지식이라고 해보아야 가장 하찮은 사랑의 경지에서 엮어내는 '관계' 정도밖에는 짜내지 못하기 때문일 것이다. 현대 사회는 존재론적·형이상학적 지식까지를 포함하여 모든 지식이 방법론적이며 실용적인 차원에 물들어 있다. 이러한 경향은 비트의 시대에도 끈질기게 지속된다. 지식이 권력의 시녀인 시대는 어제오늘의 일이 아니었지만 이제 지식은 자본의 시녀로 뒤바뀌고 있다.

최근 들어 자유주의가 근간을 이루던 네트에 국가와 자본의 개입이 본격화되고 있다. 사이버스페이스에서 인클로저가 벌어지고 원주민들은 이러한 자본의 침투에 강력하게 대항하고 있다. 정부는 디지털 저작권에 이해를 갖고 있는 정보 자본가들의 이해를 도모하기 위해 네트에서 오가는 정보에 통행세를 받고자 골몰하고 있다. 통신품위법을 둘러싸고 벌어졌던 국가와 네티즌간의 일회전이 네티즌의 판정승으로 끝났지만 이제 지적 재산권 문제를 두고 불꽃 튀는 공방이 네티즌과 자본-국가간의 연합 사이에서 벌어질 것이다.

그러한 정황에서 새로운 지식과 문화가 꽃피는 새로운 시대를 예비하려면 구태의연한 과거의 발상을 던져버리고 디지털 시대에 맞는 새 옷으로 갈아입어야 하지 않을까? 우리는 새로운 정보 문화를 꽃피우기 위해 그간의 정보화 캠페인에서 송두리째 빠져 있는 사람과 공동체와 문화를 중심에 세우는 새로운 정보화 방식을 찾아내어야 할 것이다. 우리의 네트 문화가 거품을 빼고 내실을 다지기를 기대해본다.

서 평

새로운 문명은 도래하는가
—『카오스의 아이들』

　러쉬코프Rushkoff의 『카오스의 아이들』은 '젊은 문화'에 대한 연구서이자 옹호서이다. 1960년대 히피의 피를 이어받은 저자는 갖가지 주변 문화가 갖는 현대적 의미를 성찰한다. 『카오스의 아이들』은 일상 문화에 대한 생생한 문화 비평의 사례를 제공한다. 러쉬코프는 스케이트보드에서 컴퓨터 게임에 이르기까지 현재 유행하는 하위 문화의 껍데기를 벗겨내어 그 속내를 들여다보도록 인도한다. 그는 윈드서핑에서 파워레인저 · 레이브에 이르는 다양한 문화 현상을 미래의 관점에서 조망하면서 파도처럼 다가오는 '미래를 놀기' 위해 어떤 자질이 필요한가를 보여준다.

　러쉬코프는 기술과 문화의 연관을 드러내는 탁월한 재능을 보인다. 그는 스노보드에서 인식의 틈새를 건너뛰는 비선형적 사고의 진수를 찾아내는가 하면, 애니미즘의 부활을 보고 '기술 샤머니즘'이라는 신조어를 만들어낸다. 그는 영화「펄프 픽션」에서 비선형적 논리를 발견하고, 만화영화「심프

슨 가족」에서 브레히트의 소격 효과를 끄집어내는 혜안도 갖고 있다. 이 책은 데카르트적 이원론의 한계를 가볍게 뛰어넘는 카오스 시대의 비선형적 인식 구조와 감각 형태가 현대의 문화 속에 어떻게 짜여들어가 있는가를 펼쳐 보여준다. 바로 이러한 통찰이 러쉬코프의 문화 비평서가 갖는 매력이다.

이 책은 청소년 때려잡기에 몰두하는 우리의 한심스런 문화 풍토에 시원한 한 줄기 소나기를 뿌려준다. 러쉬코프의 『카오스의 아이들』은 마치 워즈워스가 "어린이는 어른의 아버지"라고 말한 것처럼 '아이들의 문화'에서 무지개를 본다. 그는 그것이 비록 혼란과 혼돈의 구렁텅이로 보이더라도 바로 그 때문에 새로운 활력과 창조의 밑거름이 되리라는 믿음을 갖고 있다.

우리가 아이들의 「빨간 마후라」에 절망하면서 청소년 문화를 계도되어야 마땅한 일탈의 문화로 낙인찍고 있을 때 러쉬코프는 거꾸로 마약과 레이브를 비롯한 갖가지 주변 문화에서 새로운 가능성을 찾아낸다. 러쉬코프식으로 보면 「빨간 마후라」는 스크린 세대가 열어놓은 '비종말론'적 사유와 행동의 극치일지도 모른다.

이 카오스의 세계에 우리는 정신이 돌아버리지 않고 살아남을 수 있을까? 선형적 단순성에 익숙해 있는 사람들은 비선형적 복잡성을 기괴함·비일관성·변태로 본다. 디지털 시대의 선두 주자인 젊은 사이버족들은 정보와 물질, 기계와 사고, 일과 놀이를 이원론적으로 구분하지 않는다. 그들은 첨단 기술과 마술을 한데 뒤섞는 카오스의 자식들인 것이다. 저자는 현대의 주변 문화에서 이원성의 몰락과 전체성의 새로운 부상을 본다. 선형적 사고의 몰락과 카오스의 부상은 도처에서 눈에 띈다.

"아이들은 이미 움직이기 시작했다. 아이들은 선형적 사고, 이원론, 기계론, 위계, 메타포, 그리고 신 자체를 지나서 역동적이고 전체론적이며 애니미즘적이고 무중력적이며 압축 재현적인 문화를 향한 진화의 도정으로 우리를 이끌고 있다. 카오스는 그들의 자연 환경이다." 아이들은 어른에게 어떻게 변해야 하는가를 보여준다.

그런데 우리나라의 기성 세대 가운데 종말론으로부터 탈출하려면 카오스를 껴안아야 한다는 러쉬코프의 조언을 받아들일 준비가 된 사람이 과연 얼마나 될까?

에스더 다이슨
―『인터넷, 디지털 문명이 열린다』

올해 46세인 에스더 다이슨은 무슨 일이 있더라도 하루에 1시간씩 풀장에서 헤엄을 쳐야 직성이 풀리는 맹렬 여성이다. EDventure 홀딩스라는 회사의 사장이며 『릴리스 Release 1.0』라는 하이테크 관련 뉴스 레터 편집자이기도 한 그녀는 전자프런티어재단의 의장을 맡고 있으며 미 연방 정보 인프라 자문위원으로 일하기도 하였다. 하이테크 컨설턴트인 그녀는 디지털 혁명이 일상 생활과 비즈니스에 미치는 함의를 가려내서 디지털 시대에 걸맞는 새로운 삶을 모색할 것을 제안한다. 이 책 『릴리스 2.0』 또한 이러한 노력의 산물이다. 이 책의 부제는 '디지털 시대의 삶을 위한 디자인'인데, 디지털 시대의 삶을 꾸리기 위해서는 디지털 시대의 특성을 파악해야 하며 그에 맞는 새로운 삶의 방식과 자세를 준비해야 한다는 취지로 보인다. 이러한 그녀의 주장은 사업가들의 커다란 관심을 끌어모았다.

그녀는 인터넷과 컴퓨터가 사회 · 경제 · 문화 전반에 미치는 영향을 일상 생활의 구체적인 분야에서 하나하나 끄집어낸다. 그녀는 검열, 프라이버시, 교육, 사이버공동체, 지적 재산권 등 네트의 중요한 문제들에 대한 자신의 입장을 구체적인 체험을 통해 상세하게 풀어나간다. 이 책의 매력은 이러한 주제들을 이론이나 책에 기대지 않고 스스로의 구체적인 체험을 바탕으로 펼쳐나가는 데 있다.

그녀가 말하는 '개인의 권능 강화'나 '탈중심화' 등은 이미 네그로폰테 같은 사이버전도사들이 자주 사용하는 단골 전도서의 일부이다. 그런데 네트의 유토피아적 가능성에 대한 기대는 네트가 갖는 부정적 측면을 과소 평가하게 만든다. 조지 오웰을 무척이나 존경한다는 그녀는 오웰과 달리 인류의 미래에 대해 낙관적이다. 네트는 더 개방적이고 참여 지향적인 세상을 꾸밀 기회를 제공한다. 네트에서는 서로의 관계를 만들고 소통하면서 개인의 힘이 커지고 이것이 능동적이고 참여 지향적인 개인을 낳는다는 것이다.

그런데 대부분의 디지털 낙관론자와 마찬가지로 다이슨의 경우에도 이러한 주장이 자료를 통해 예증되거나 시험을 통해 검증되고 있지는 않다. 그녀의 낙관론에는 네트의 사용자들은 똑똑하고 교양이 있으며 좋은 의도를 갖고 있는 사람들로서 시장의 자유 경쟁이 멍청한 사람과 똑똑한 사람의 틀을 갈라낼 것이라는 가정이 깔려 있다.

이 책에는 디지털 시대의 미국식 사고 방식과 다이슨 개인의 생활 감각이 잘 묻어나 있다. 이 책을 통해 독자들은 현재 미국 정보 산업을 주도하는 기본적인 정서와 사고 방식을 알 수 있을 것이다. 독자들은 그것을 '정보자유주의'라 부르든 혹은 '캘리포니아 이데올로기'라 부르든 어쨌든지 현재 네트를 주도하는 이데올로기가 자유주의임을 확인하게 될 것이다.

정보화 사회와 사이버스페이스

정보 사회와 미디어

 컴퓨터와 통신의 결합이 현대 사회의 변화를 주도하고 있다. '디지털 혁명'이라는 변화의 파도가 산업계뿐만 아니라 생활 전반에 파급되고 있는 것이다. 그런데 '정보화 사회'와 '사이버스페이스'에 관한 논의가 많이 이루어지고 있지만 이에 대한 체계적이고 본격적인 접근은 의외로 많지 않은 것이 우리의 실정이다. 그러나 정보 사회에 관한 고전적인 저작들이 꾸준히 번역되고 있고 우리의 현실을 바탕으로 한 저작들도 조금씩 모습을 드러내고 있다. 정보화 사회에 관한 교과서류의 책으로는 최근 『정보 사회의 이해』가 발간되었으며, 기존의 교과서들도 변화하는 현실의 요구에 부응하여 꾸준하게 개정판을 내놓고 있다.

 정보 사회에 관한 그간의 논의 추이를 보면 기술 유토피아를 꿈꾸는 낙관론이 주류를 이루고 있음을 알 수 있다. 토플러의 미래학과 조지 길더의 물질폐기론, 네그로폰테의 디지털존재론 등은 정보 사회에 관한 낙관적인 논의를 대표한다. 정보사회론의 대표 주자로 꼽히는 앨빈 토플러는 디지털 혁명에 따른 사회 변화를 설명하는 거시적-문명사적 틀을 마련한 대표적 작가이다. 토플러는 기존 사회과학의 변동론을 '물결론'으로 각색한 『제3의 물결』에서 '정보 혁명'이 사회 각 분야에 미치는 변화를 설득력 있게 보여준다. 한편 조지 길더는 그의 저서 『마이크로코즘』에서 디지털 혁명의 기본이 되는 실리콘 칩의 인식론적 특징을 '작은 것의 세계'라는 틀로 제시한다.

조지 길더는 양자역학과 이를 응용한 컴퓨터의 등장으로 '물질의 폐기'라는 핵심적인 변화가 이루어지고 있다고 주장한다. 그의 논지는 네그로폰테로 이어지고 있는데 네그로폰테는 『디지털이다』에서 '물질의 폐기'로 대표되는 양자역학 시대의 기본 특징을 아톰에서 비트로의 변화에서 찾고 있다.

정보 사회에 관한 고전에 해당하는 이러한 책들과 함께 최근에는 미디어 분야의 고전에 해당하는 맥루언의 『미디어의 이해』가 복간되었으며, 맥루언의 다른 저작들도 번역되고 있다. 맥루언의 저작은 정보화 사회의 문화 분석에 많은 시사점을 던져준다.

미디어에 대한 맥루언의 기본적인 관점은 『미디어의 이해』의 부제 '인간의 확장 Extentions of Man'에서 잘 드러난다. 맥루언은 미디어를 '인간의 확장'으로 본다. 모든 미디어는 인간 감각 기관의 확장이다. 그의 책 2부에서는 26개의 미디어가 인간의 정신·사회에 미친 영향을 검토하고 있다. 맥루언은 미디어를 매우 넓은 맥락에서 사용한다. 맥루언의 눈에는 옷·구어(口語)·전기·자동차 등이 모두 미디어로 보인다. 미디어를 의사 전달의 도구 정도로 파악하는 미디어 내용주의자들의 접근과는 사뭇 다른 접근 방식인 것이다.

'미디어는 메시지이다'라는 그의 형식주의적 명제는 미디어에 대한 기존의 내용주의적 접근이 갖는 사회환원론적인 정책론의 차원을 훨씬 뛰어넘으면서 특정 미디어가 우리의 인식 구조와 감각 구성 및 의사 전달 방식 등에 미치는 영향력을 파헤칠 수 있는 길을 열어준다.

"미디어는 인간의 확장이다"라는 맥루언의 말에 기대면 컴퓨터와 네트는 인간의 두뇌와 신경망의 확장이다. 그런데 이는 단순히 양적인 확장일 뿐만 아니라 감각과 지각 체험을 질적으로 바꾸어놓는다. 변화된 지각 체험과 인식 구조가 사이버스페이스의 새로운 문화를 만드는 것이다.

최근에 편역된 『사이버 공간, 사이버 문화』와 러쉬코프의 『카오스의 아이들』은 사이버스페이스의 문화적 특징과 성격을 다루고 있다. 『사이버 공간, 사이버 문화』는 사이버스페이스의 문화적 특징과 이데올로기를 다양한 각도에서 조망한다. 한편 러쉬코프는 현대의 주변 문화에서 새로운 인간형의 출현을 예감한다.

디지털 혁명과 그로 인한 사이버스페이스의 등장은 새로운 인간형을 낳는다. 산업 시대는 위계적인 질서에 잘 순응하고 경쟁에 용의주도하게 대처하는 표준화된 인간형을 양산하였다. 규격화된 생산 체제는 사람의 인성까지도 표준화하였다. 몰개성과 천편일률, 위계적인 권위 구조에 대한 일방적인 복종이 미덕이었다. 지역성·계급·출생지·출신 학교 등이 알게 모르게 인간의 만남과 생활을 틀지었다. 그러나 디지털 시대의 선두 주자인 젊은 사이버족들은 이러한 기존의 문화와 관습을 완전히 바꿔버릴 잠재력을 갖고 있다. 그들은 첨단 기술과 마술을 한데 뒤섞는 카오스의 자식들인 것이다.

쟁점과 전망

정보 사회에 대한 이제까지의 논의는 하드웨어에 치중된 기술적 논의나 장밋빛 수사로 가득 찬 미래학 분야에서 주로 이루어졌다. 최근의 뉴 미디어에 관한 많은 논의도 최신 정보를 빨리 입수하여 그를 나열적으로 소개하는 수준에 머물고 있는 형편이다. 정보 사회의 물결은 우리에게 좀더 본격적인 사회과학적 연구를 요구한다.

단순히 '정보화 사회'라는 서술적 용어를 사용하는 데 머무를 것이 아니라 현재의 변화를 해명하는 이론적 분석틀과 개념을 마련하는 작업이 시급히 요청된다. 앞으로 전체 경제에서 정보 산업이 차지하는 비중과 역할이 커짐에 따라 디지털화된 정보의 유통이 빠르게 늘어날 것으로 보인다. 새로운 교역물인 디지털 정보가 유통되는 정보 고속도로에서는 물질 상품과는 다른 경제 논리가 관철될 것이다. 특히 정보가 상품화되는 속도에 따라 지적 저작권 문제가 쟁점으로 대두될 전망이다. 이런 맥락에서 『정보화 시대의 저작권』과 같은 특정한 이슈에 관한 구체적인 연구 저작물들이 앞으로 더욱 많이 나와야 할 것이다.

이와 함께 인터넷을 통해 이루어지는 새로운 소통 양식과 생활 양식에 관한 연구도 필요하다. 전자 우편, 채팅, 뉴스 그룹, 동호회 등을 통해 이루어지는 가상 공동체가 어떤 성격을 갖고 있으며, 이러한 가상 공동체와 현실 세계의 관련이 무엇인가를 해명할 필요가 있다. 이와 더불어 양방향 통신이 커뮤니케이션 방식에 가져오는 변화도 꼼꼼하게 따져 보아야 할 것이다.

디지털 시대의 맥루언 읽기
—맥루언과 디지털 혁명

디지털 혁명이 진행되고 인터넷이 사람들의 일상 생활에 파고들면서 '맥루언 이해 understanding McLuhan'의 붐이 일고 있다. 맥루언의 주저『미디어의 이해』는 이 책이 처음 발간된 1964년보다 1997년 오늘의 현실에 훨씬 큰 호소력을 지니고 있다. "책이 활판 인쇄술 이전으로 돌아가 제작자가 소비자를 겸한 시대로 복귀할 것이며 일정한 주제로 순서를 찾아 구성되는 선형적인 책은 차츰 사라질 것"이라는 맥루언의 예언이 네트의 하이퍼텍스트를 통해 현실로 나타나고, '공간의 소멸'과 '지구촌 global village'에 대한 그의 유토피아적 신비주의가 인터넷을 통해 구현되며, "우리는 도구를 만들었지만 앞으로는 도구가 우리를 만들 것이다"라는 경구가 사실로 드러나는 오늘의 현실 자체가 맥루언 르네상스를 가져온 직접적 원인일 것이다.

이러한 사정을 반영하듯 맥루언의 부활이 도처에서 이루어지고 있다. 맥루언은 1980년에 세상을 떠났지만 맥루언의 중추 신경은 전자적으로 확장되어 네티즌 잡지 『와이어드』의 후원자로 되살아났으며, 곳곳에서 그의 사상을 네트의 시대에 되살리려는 시도가 이루어지고 있다. 1994년에는 네트 시대에 그의 저작이 지닌 의미를 다시 생각해보려는 의도로 MIT 대학 출판부에서 『미디어의 이해』를 재발간한 바 있다. 우리나라에서도 1970년대에 번역된 맥루언의 주저 『미디어의 이해』가 최근 다시 출판되었다.

『미디어의 이해』가 출판된 1964년으로부터 근 30년이 지난 뒤 죽은 맥루언이 다시 살아나는 이유는 무엇인가? 그것은 네트의 시대, 디지털 시대를 해명하기 위한 실마리를 『미디어의 이해』가 던져주기 때문이다. 그러나 죽은 맥루언을 온전하게 되살리기란 그리 쉬운 일이 아니다. 맥루언의 경구들을 인용하는 학자들은 더러 있지만 맥루언을 진정으로 이해하는 사람은 미디어를 제대로 이해하는 사람만큼이나 드문 것이 우리의 실정이다. 맥루언은 『미디어의 이해』만큼이나 이해하기 어려운 사람이다. 그에 대한 이해와 평가가 중구난방인 이유는 사람마다 맥루언의 은유(그가 즐겨 쓴 은유 *metaphor*는 그리스어 meta와 pherein의 합성어로서 건너편으로 옮기다, 운송하다라는 뜻을 갖고 있다)를 제각각 이용하여 자기 나름의 강을 건너기 때문일 것이다. 그러나 그렇다고 하여도 새로운 미디어에 대한 이해를 기반으로 새로운 미디어를 만들어나가는 집단에게 맥루언은 돈 안 드는 후원자이자 막강한 지원자 역할을 할 수 있을 것이다.

 20세기말에 과연 누가 맥루언을 다시 꼼꼼하게 그들의 눈으로 새롭게 읽어낼까? 정보 통신회사의 중역들일까, 사이버스페이스의 개척자들일까? 맥루언은 우리에게 어떤 책읽기를 요구할까? 『미디어의 이해』는 결코 이해하기 쉬운 책이 아니다. 그러나 읽는 사람의 이해만큼 새롭게 되살아나는 그런 책이다. 그래서 네트와 맥루언이 만나면 어떤 일이 벌어질까라는 질문을 스스로에게 던지면서 이 책을 읽는 것은 죽은 맥루언을 스스로 되살리는 살아 있는 독서법이 된다. 네트의 맥루언이 오늘의 미디어에 대해 어떤 말을 던질지를 스스로 반문하면서 『미디어의 이해』를 읽는다면 그것은 30여 년 전에 씌어진 이 책의 현대적 잠재력을 불러일으키는 디지털 시대의 책읽기가 될 것이다.

디지털 혁명과 네그로폰테

네그로폰테

우리 사회는 아주 빠른 속도로 정보화를 향해 달려가고 있다. 컴퓨터와 통신이 결합되고 멀티미디어의 바람이 거세게 일고 있다. 그런가 하면 인터넷 신드롬이라 불릴 정도로 인터넷 열풍이 곳곳에 불어닥치고 있다. 이제 컴퓨터는 우리에게 아주 친숙한 도구가 되었다. 19세기가 석탄과 철도의 시대였다면 20세기초는 전기와 자동차의 시대라고 할 수 있다. 그렇다면 21세기는 컴퓨터 네트워크 시대라고 예측할 수 있겠다. 이러한 징조는 이미 인터넷 열풍이나 '정보 고속도로' 건설을 둘러싼 정부와 산업계의 논의에서 엿볼 수 있다.

요즘 신세대는 컴퓨터와 아주 친숙하다. 컴퓨터를 사용할 줄 모르는 사람은 나이와 관계없이 구세대 취급을 받는 것이 요즘의 실정이다. 지금 같은 속도로 컴퓨터와 네트워크 사용이 발전하면 앞으로 우리 사회는 더욱 엄청나게 변화할 것이 틀림없다.

1960~1970년대에 멀티미디어라는 개념을 창안하고 정보화 시대의 정신적 지도자로 불리는 니콜라스 네그로폰테가 1995년 1월 15일에 한국을 방문하였다. 네그로폰테의 강연 주제 '디지털이 세상을 바꾼다'처럼 우리 생활에 미치는 컴퓨터의 영향은 갈수록 커지고 있다.

우리는 정보화 시대를 대표하는 사람이라면 으레 미래학자 앨빈 토플러나 마이크로소프트사의 사장인 빌 게이츠를 떠올린다. 이들은 우리나라에서도 널리 알려진 데 반해 네그로폰테라는 이름은 매우 생소한 것이 사실이다. 그러나 그는 미국과 유럽에서는 아주 유명한 사람이다. 그는 이미 각 나라의 지도자나 세계 기업계에 매우 잘 알려져 있다. 그가 일반 대중에게 알려진 것은 『와이어드』라는 잡지에 그의 고정 칼럼을 싣기 시작하면서였는데, 작년에 그 칼럼을 모은 『디지털이다』이라는 책이 미국과 여러 나라에서 베스트 셀러가 되면서 더욱 유명해졌다.

그는 미디어랩의 창시자로서 10년째 미디어랩의 소장을 맡고 있다. 그는 토플러와 달리 단지 미래를 예언하는 것이 아니라 미디어의 미래를 만드는 사람이다. 그는 "미래는 예언하는 것이 아니라 만드는 것"이라고 말한 바 있다. 이 점이 토플러 등의 미래학자와 가장 큰 차이점이다. 네그로폰테는 멀티미디어와 인간-컴퓨터 인터페이스를 창조한 뉴 미디어 1세대에 속하는 사람으로서 1960년대부터 컴퓨터-인간

인터페이스를 꾸준히 연구하고 있다. 그는 컴퓨터를 기계로만 보지 않고 인간과 함께하는 문화의 한 요소로 본다.

문화와 컴퓨터를 결합한 사람, 사무실이 따로 없는 사람, 일 년 반 동안 세계의 반을 돌아다니는 세계인, 하루에 4시간씩 인터넷을 통해 업무를 보는 네티즌…… 등이 그를 수식하는 말이다. 그는 인터뷰할 때 사진 기자들이 플래시를 터뜨리면 얼굴이 빨개지는 수줍음 많은 사람인 동시에 장충동 족발집에서 새우젓에 족발을 찍어 먹는 격의 없는 사람이며, 3일 동안의 꽉찬 방한 일정을 보내면서도 짜증을 내지 않던 참을성 많은 사람이기도 하다. 유명한 미디어랩의 소장으로서 돈과 권력을 가진 그에게 왜 그렇게 사느냐고 묻자 "내 직업인걸요!"라고 대답하는 정열과 열정을 가진 사람이다.

『디지털이다』와 『와이어드』

그가 쓴 책 『디지털이다』는 『와이어드』 잡지에 실린 칼럼을 보완하여 집필한 것이다. 이 책에서는 1) 디지털 혁명의 기본 개념과 의미(비트/대역폭/압축/비트 방송/저작권), 2) 미디어랩의 주요 연구 과제인 인간과 기계간의 인터페이스 문제, 3) 컴퓨터 네트워크(인터넷)가 몰고 오는 문화적·사회적 영향을 다루고 있다. 전세계에서 20여 개 국어로 번역 출간된 그의 저서는 기술이나 기계의 이야기가 아니라 현재 진행중인 컴퓨터 사회와 문화에 관해 다룬다. 그는 이 책을 컴퓨터를 두려워하는 구세대(부모)와 경영자들을 대상으로 썼다고 말한다. 『디지털이다』는 읽기 쉬운 책은 아니지만 적절한 비유와 직관·비전·전망·풍자를 구사하여 현재의 변화를 이해하고 미래를 만들어나가는 상상력을 불어넣는 책이다.

그가 창간 당시에 주식을 투자하고 고정 칼럼을 쓰고 있는 『와이어드』지는 컴퓨터 기술이나 컴퓨터 사용 방법이 아닌 컴퓨터 문화를 다루는 컴퓨터 문화 잡지이다. 『와이어드』는 1993년에 창간하여 서너 달 만에 수지를 맞춘 성공적인 잡지로서 현재 80만 정도의 구독자를 갖고 독특한 편집과 내용으로 디지털 시대의 문화를 주도하고 있다. 1960년대 히피와 미국 청년 문화를 주도한 샌프란시스코의 대항 문화적 색채를 지니고 있는 이 잡지는 그들의 후원자로 작고한 마샬 맥루언을 앞 페이지에 소개하고 있다. 발로Barlow, 케이포Kapor 등의 2세대 논객들이 필자로 활약하고 있으며, 『타임』지와 사이버포르노 문제를 둘러싸고 일대 설전을 벌여 판정승을 거둔 바 있다. 『와이어드』에서 운영하는 인터넷 웹 사이트인 '핫 와이어드'는 사이버스페이스에서 가장 유명한 인기 사이트 가운데 하나이다.

미디어랩

미디어랩은 1985년에 창립된 미디어 연구소로서 컴퓨터를 사용하는 커뮤니케이션 연구 및 관련 프로젝트를 수행하고 있다. 1985년에 출범한 미디어랩은 루브르 박물관의 피라미드를 설계한 유명한 중국계 미국인 건축가 페이Pei가 설계하였다. 건물 벽이 하얗게 칠해져 있어 학생들은 미디어랩 건물을 페이 화장실이라고 부르기도 한다. 미디어랩은 사람과 기계간의 인터페이스에 관한 연구(언어 인지/홀로그래픽/비디오 압축)로 정평이 나 있는데 이는 1) 기계가 사람의 의사를 인지하는 것, 2) 사람이 기계를 인지하는 것, 3) 기계와 사람간의 상호 작용을 지원하는 것으로 구성된다.

네그로폰테가 운영하는 미디어랩의 연구는 기존의 틀에 구애받지 않는 진보적인 개념과 발상으로 가득 차 있다. 마치 1960년대에 미국에서 나사NASA가 하던 역할을 20세기말에 미디어랩이 담당하고 있는 것처럼 보인다. 미디어랩에서는 항상 100여 개 정도의 프로젝트가 진행되고 있다. 미디어랩의 처음 설립 취지는 휴먼 인터페이스와 인공 지능에 관한 연구였는데 현재는 미래의 텔레비전, 미래의 신문, 미래의 학교, 홀로그래픽 등의 프로젝트를 진행하고 있다. 1996년에는 '생각하는 물건Thing That Think'이 주프로젝트로 상정되어 있다. '생각하는 물건'은 우리가 사용하는 물건이 주위 환경의 변화나 사용자의 의도를 감지하여 스스로 움직이게 하자는 발상으로서 인간과 기계간의 인터페이스를 더욱 진전시킨 프로젝트이다.

네그로폰테는 디지털 세상을 설명하는 화두로서 '비트'를 들고 있다. 네그로폰테의 저서 『디지털이다』의 키워드(핵심 개념)는 '비트'이다. 그는 정보화 시대의 비트가 하는 역할을 생명체의 DNA와 같다고 이야기한다. 그는 아톰에서 비트로 이행하는 디지털 혁명의 사회 문화적·경제적 효과를 이야기한다. 미디어랩이 새롭게 시도하는 '생각하는 물건' 프로젝트는 아톰과 비트를 다시 결합시키려는 야심찬 프로젝트이다. 앞으로 생물체를 구성하는 기초 단위인 DNA와 아톰, 비트의 상호 결합 추이에 따라 우리가 예상할 수 없는 엄청난 변화가 닥쳐올 것이다.

미디어랩은 새로운 미디어 개념을 개발하면서 10만 불 이상의 재정 지원을 하는 기업에게만 연구 결과를 제공하고 있다. 미디어랩은 미국 연방 정부를 비롯하여 독일과 일본 등 세계적인 첨단 산업체의 연구비 기증을 통해 운영되는 세계 최고의 뉴 미디어와 인터페이스 연구 기관으로 디지털 시대의 국제 표준을 실제로 주도하는 기관이다. 연구소에 대해 비학문적이라는 비난과 기술 결정론에서 벗어나지 못한다는 비판이 제기되기도 하지만 오히려 이 연구소가 미래에 미칠 영향력은 엄청나다고 하겠다. 실제 미디어랩은 일본이 추진한 아날로그 고화질 표준을 무산시키고 방송의 디지털화를 촉진한 장본인이기도 하다. 인터넷 시대에 미국이 일본과 유럽을 단숨에 따돌리고 단독 선두의 자리에 서게 된 데는 이미 20년 전부터 멀티미디어 시대를 내다보고 멀티미디어라는 개념과 그의 실현에 주력해온 네그로폰테와 미디어랩의 역할이 컸다.

멀티미디어와 상상력

네그로폰테는 강연에서 '정보 거지 information homless'라는 문제를 제기한 바 있다. 물론 거지를 만드는 사회에도 문제가 있지만 스스로 정보를 챙기지 못하고 남에게 의존하는 사람을 정보 거지라는 말로 비유한 것이다. 거지는 스스로 생계를 해결하지 못하고 남에게 구걸하여 생계를 이어가는 존재이다. 디지털 시대의 거지는 과연 누구인가? 정보는 소유하는 것이 아니라 사용하는 것이다. 아무리 많은 정보를 소유하고 있다 하여도 이들 정보를 서로 결합하고 창조적으로 활용하지 않으면 쓰레기에 지나지 않는다. 디지털 시대의 거지는 정보를 소유하지 못한 사람 *information poor*이 아니라 정보를 활용하는 방법을 모르는 사람이다. 많은 사람들에게 아직까지 인터넷의 사용은 그리 쉬운 일이 아니다. 뿐만 아니라 컴퓨터 사용 자체를 두려워하고 꺼리는 사람들도 많다. 네그로폰테는 바로 이 점에 착안하여 컴퓨터와 사람간의 친숙한 환경을 만들려고 오래 전부터 노력하였다.

사람과 컴퓨터의 친숙하고 쉬운 만남(접촉점 interface)을 연구하는 이유는 바로 이러한 정보 거지를 구제하려는 데 있다. 그래픽 유저 인터페이스(GUI)를 개발하고 음성 인식·영상 인식(물체 인식)·촉각 인식 등의 기계-인간간의 만남을 꾸준히 연구하는 이유가 바로 여기에 있다.

네그로폰테는 그의 저서 한국어판 「서문」에서 한국의 주입식 교육에 상당한 우려를 표한 적이 있다. 네그로폰테는 『디지털이다』라는 책에서 한국을 딱 한 번 언급하고 있다. 그는 한국과 일본의 대학 교육 체제는 마치 42킬로 마라톤을 뛰고 목적지에 도달한 사람에게 암벽 등반을 하라는 격이라고 비꼰다. 우리의 교육은 논술을 도입하고 교과 체제를 개편한다고 하지만 여전히 주입식 교육에서 벗어나지 못하고 있다. 정보는 외우는 것이 아니라 사용하는 것이다. 물고기를 주는 것으로는 기아의 문제를 해결할 수 없듯이 오늘의 젊은 세대에게 정보를 주입하는 방식이 아니라 정보를 사용하여 새로운 지식을 만드는 정보 생산자 교육을 해야 한다. 바로 이 점이 네그로폰테가 강조해 마지않는 비트 시대의 교육이다.

기성 세대는 현대 사회에서 예술과 문화의 중요성이 강조되니까 이것까지 주입식으로 아이들에게 강요하는 무지한 주입식 교육에서 벗어나지 못하고 있다. 이러한 기성 세대의 문제점을 극복하는 것이 새로운 비트 시대에 창조성을 꽃피우는 유일한 방식일 것이다. 21세기의 뛰어난 창조적 정신은 상상력에서 나온다. 멀티미디어와 네트워크의 발전은 우리의 상상을 현실로 바꾼다. 디지털 시대는 이미 우리의 코앞에 와 있다. 우리는 인터넷이나 멀티미디어의 혜택만을 받는 단순한 수혜자가 아니라 멀티미디어 세계를 앞당기고 창조해나가는 적극적인 창조자가 되어야 할 것이다.

디지털 시대를 읽는다
── 네그로폰테의 『디지털이다』

이 책의 저자 네그로폰테는 올해 52세로서 현재 미디어랩의 소장이다. 그는 MIT 대학의 교수임에도 불구하고 책만 읽는 일상적인 교수 생활과는 거리가 먼 인물이다. 그는 일 년에 30만 마일을 여행하고, 기금을 모금하고, 돈 받고 연설도 하며 미디어랩을 지원하는 스폰서를 찾아 오대양 육대주를 돌아다니는 디지털 같은 사람이다. 그는 여행중에 인터넷을 사용하여 업무를 처리하며 하루에 몇 시간씩 컴퓨터 통신에 매달린다.

그는 디지털 시대의 변화를 꿰뚫고 있으며, 인간-컴퓨터 인터페이스에 대한 전문적인 식견과 통찰을 갖고 있다. 또한 그는 디지털이 사회에 미칠 영향에 대한 사회학적 상상력을 갖추고 있을 뿐더러, 무엇보다도 이런 현상을 재미있게 풀어서 전달하는 글재주를 지니고 있다. 그는 『와이어드』라는 잡지의 칼럼을 게재한 글을 보완하여 『디지털이다 Being Digital』라는 책을 썼다. 1995년초에 출판된 이 책은 유럽과 일본 등 세계 10여 개국에서 번역되었는데, 미국에서는 베스트 셀러라 한다.

이 책은 디지털 시대의 존재론이다. 이 책의 원제는 'Being Degital'인데 Being은 존재의 진행형이다. 이 책은 우리가 디지털이며, 디지털이 되고 있다는 존재론적 변화상을 전달한다. 그리고 그러한 존재론적 변화가 우리의 삶에서 어떤 의미가 있고, 우리 주위 세계를 어떻게 변화시키는가에 대해 재미있게 설명한다.『디지털이다』는 우리의 문화가 직면하고 있는 아톰에서 비트로 이동하는 변화에 관한 책이다. 저자에 따르면 이 변화는 '돌이킬 수도 없고 멈출 수도 없는 것'이다. 그러면 과연 돌이킬 수 없는 디지털 혁명의 물결은 어떤 변화를 가져오고 있는가? 디지털 혁명은 우리의 삶 전체에 어떤 영향을 미치는가? 네그로폰테는 컴퓨터가 이제 더 이상 계산기가 아니라 바로 생활 그 자체라는 사실을 강조한다. 디지털 세상은 우리가 일하는 방식, 공부하는 방식, 노는 방식, 그리고 친구나 아이들과 커뮤니케이션하는 삶의 방식을 변화시킨다.

이 책의 가장 큰 매력은 철학 용어나 전문 기술 용어를 별로 사용하지 않으면서도 우리 시대의 급변하는 모습을 조망한다는 데 있다. 네그로폰테는 과학 용어나 개념을 사용하지 않으면서도 일상 경험과 사례를 들어 디지털 세계의 핵심적인 변화 모습을 잡아내는 솔찮은 재주를 지니고 있다. 그는 디지털 기술이 단순히 비트나 바이트를 전송하는 수단이 아니라 문화를 전달하는 수단이라는 사실을 직관적으로 간파하고 있다. 그는 잡지 『와이어드』의 엄청난 성공을 통하여 사람들 사이에 컴퓨터나 통신망을 기술적 측면이 아니라 문화적 측면에서 이해하려는 욕구가 널리 퍼져 있음을 알아차렸다.

그가 컴퓨터를 대하는 방식은 그래서 기술적이라기보다는 인간적이고 문화적이다. 무엇보다도 그는 휴머니즘의 입장에서 컴퓨터를 대한다. 인간-컴퓨터 인터페이스에 관한 그의 관심은 결국 차가운 금속성 기술결정주의의 무쇠 로봇이 아니라 부드러운 인간의 모습을 한 휴머니즘적 기술관을 보여준다.

네그로폰테는 비트를 아톰으로 바꾸는 과정이 감각적으로 풍부해지는 반면 아톰을 비트로 바꾸는 일은 황량하기 그지없음에 섭섭해한다. 이것은 컴퓨터가 우리를 알아듣고, 보고, 느끼고, 대화할 수 있도록 인간과의 인터페이스를 만드는 작업을 필요로 한다. 그런데 우리의 컴퓨터 대하기는 기술공학도의 기술주의와 비즈니스의 실용주의에서 한걸음도 진전되지 못하고 있다. 이런 사정에서 인문과학과 사회과학, 예술은 컴퓨터와 별다른 연줄을 대지 못한다. 이 책은 컴퓨터 전공자에게는 사회학적 상상력을 불어넣고 인문 사회 전공자에게는 상상력을 불어넣을 것이다.

네그로폰테는 디지털 시대가 기술과 합리성, 과학과 예술, 왼쪽 뇌와 오른쪽 뇌 사이의 단절을 이어줄 것으로 기대한다. 디지털 시대는 복제와 변형의 시대이자 참여와 협동의 시대이다. 일과 놀이의 구분이 흐려지고 창조적 취미가 존중되는 시대가 열리는 것이다. 이런 시대에는 기억 용량이 풍부한 하드가 이미 컴퓨터에 장착되어 있기 때문에 주입식 교육에 길든 딱딱한(하드) 머리(기억 장치)는 더 이상 효력이 없다.

그는 디지털 시대의 개성의 발현과 창조적 교육에 대해 큰 관심을 갖고 있다. 미디어랩에서 전개하고 있는 레고/로고 LEGO/Logo 프로젝트는 놀이를 통해 인식에 도달하는 새로운 학습 방법을 시험하고 있다. '개구리를 해부하지 말고 한 마리 만들어보라'는 네그로폰테의 제안은 주입식 교육에 매달린 한국의 교육 실정에 대한 다음과 같은 질타로 이어진다. "바로 당신들의 교육 체제, 내가 이 책에서 가장 크게 중점을 두었던 바로 그 문제에 대해 말하고 싶다. 내가 받은 인상으로는 당신들은 교육 분야에서 극히 위험한 길을 걷고 있다. 창의적이고 유연한 교육의 길 대신에 주입식 암기 교육에 극단적으로 가치를 부여하고 있기 때문이다."

개성과 창조성이 디지털 시대에 꽃피려면 조화와 협동이 필요하다. 디지털 시대야말로 협동과 공동 작업이 필요한 때이다. 디지털의 복제와 변형은 개인의 창조성과 더불어 지식과 정보의 공유 및 변형이 아주 중요한 역할을 하게 된다. 따라서 개인의 창조성만을 고집하며 우물 안 개구리식으로 디지털 시대를 맞이하다가는 오랜 동면에 빠져들어 나중에 진정한 디지털 시대의 봄이 오면 정말로 '경칩'하게 될 것이다.

네그로폰테는 디지털 시대의 미래에 대해 낙관한다. 물론 모든 기술, 혹은 과학의 선물은 어두운 면을 갖고 있는 것처럼 디지털 세상도 부정적인 측면을 갖고 있다. 그는 지적 소유권의 남용과 프라이버시의 침해, 디지털 야만주의, 소프트웨어 해적질, 데이터 도둑질, 실업 등을 걱정한다. 비트는 먹을 수 없다. 비트는 배고픔을 멈출 수 없다. 컴퓨터는 도덕이 아니다. 컴퓨터는 삶과 죽음의 권리와 같은 복합적 문제를 풀 수 없다. 그럼에도 불구하고 네그로폰테는 디지털 세상을 낙관한다.

네그로폰테의 낙관론은 어디에 근거하는가? 무엇보다도 그가 천성적으로 낙천주의자이기 때문이지만 그는 디지털 세상이 가져오는 탈중심화 *decentralizing*, 지구촌화 *globalizing*, 조화력 *harmonizing*, 권력 강화 *empowering*, 이 네 개의 특질을 꼽는다. 그의 낙관주의는 무엇보다도 디지털 세상이 사람들에게 권능을 부여하는 특성에서 비롯된다. 그는 아이들이 전지구적 차원에서 정보 자원을 전유함에 따라 과거에는 아주 조금밖에 존재하지 않았던 희망과 존엄을 발견하게 될 것이라 예언한다. 그는 다음과 같은 구절로 그의 책을 끝맺는다. "디지털 세상은 새로운 발명을 기다리고 있는 것이 아니라 '지금 여기'에 있다. 디지털 세상은 본성이 발생적이다. 신세대는 앞선 세대보다 디지털에 더 가깝다. 디지털 세상의 미래 비트를 통제하는 일은 바로 젊은이의 손에 달려 있다. 나는 이 사실을 가장 기쁘게 생각한다."

원문 출처
* 본문 게재순

「네트워크가 우리 사회를 바꾼다」——*FREETEL*, 1998년 3, 4월호.
「디지털 시대의 창의력과 교육」——*W3*, 24호.
「전자 영상물과 포르노」——『뉴 미디어 저널』, 1996년 4월호.
「정보화 사회의 신화와 현실」——『과학동아』, 1998년 5월호.
「인터넷 정보화의 허상」——『뉴스 플러스』, 1996년 5월 9일자.
「진정한 해커를 고대한다」——중앙일보, 1995년 4월 22일자.
「지적 재산권과 프라이버시」——『인터네트』, 1996년 11월호.
「디지털 복제 시대의 문화」——『한국문화』, 1997년 가을호.
「인터넷의 작은 집」——『대화』, 1996년 여름호.
「사이버히피 독립 선언문」——『이매진』, 1996년 6월호.
「아날로그와 디지털을 만나게 하라」——한겨레신문, 1997년 5월 12일자.
「네트와 디지털 문화」——『버전업』, 1996년 창간호.
「인터넷의 미래」——『커뮤니카토피아』, 1997년 상반기호.
「사이버저널리즘」——문화일보, 1997년 8월 27일자.
「벤처 거품과 벤처 사업」——한겨레신문, 1997년 5월 26일자.
「인터넷 열풍과 디지털 시대의 지식인」——『인터네트』, 1997년 1월호.
「새로운 문명은 도래하는가」——중앙일보, 1997년 8월 17일자.
「에스더 다이슨」——『출판저널』, 1998년 2월 5일자.
「정보화 사회와 사이버스페이스」——『출판저널』, 1997년 10월 5일자.

「디지털 시대의 맥루언 읽기」——『뉴스 플러스』, 1997년 11월 13일자.
「디지털 혁명과 네그로폰테」——『뉴 미디어 저널』, 1996년 2월호.
「디지털 시대를 읽는다」——『출판저널』, 1996년 1월 5일자.

문지스펙트럼

제1영역: 한국 문학선

1-001　별(황순원 소설선 / 박혜경 엮음)

1-002　이슬(정현종 시선)

1-003　정든 유곽에서(이성복 시선)

1-004　귤(윤후명 소설선)

1-005　별 헤는 밤(윤동주 시선 / 홍정선 엮음)

1-006　눈길(이청준 소설선)

1-007　고추잠자리(이하석 시선)

1-008　한 잎의 여자(오규원 시선)

제2영역: 외국 문학선

2-001　젊은 예술가의 초상 1(제임스 조이스 / 홍덕선 옮김)

2-002　젊은 예술가의 초상 2(제임스 조이스 / 홍덕선 옮김)

2-003　스페이드의 여왕(푸슈킨 / 김희숙 옮김)

2-004　세 여인(로베르트 무질 / 강명구 옮김)

2-005　도둑맞은 편지(에드가 앨런 포 / 김진경 옮김)

2-006　붉은 수수밭(모옌 / 심혜영 옮김)

2-007 실비/오렐리아(제라르 드 네르발/최애리 옮김)

2-008 세 개의 짧은 이야기(귀스타브 플로베르/김연권 옮김)

2-009 꿈의 노벨레(아르투어 슈니츨러/백종유 옮김)

2-010 사라진느(오노레 드 발자크/이철 옮김)

제3영역: 세계의 산문

3-001 오드라덱이 들려주는 이야기(프란츠 카프카/김영옥 옮김)

3-002 자연(랠프 왈도 에머슨/신문수 옮김)

제4영역: 문화 마당

4-001 한국 문학의 위상(김현)

4-002 우리 영화의 미학(김정룡)

4-003 재즈를 찾아서(성기완)

4-004 책 밖의 어른 책 속의 아이(최윤정)

4-005 소설 속의 철학(김영민·이왕주)

4-006 록 음악의 아홉 가지 갈래들(신현준)

4-007 디지털이 세상을 바꾼다(백욱인)

제5영역: 우리 시대의 지성

5-001 한국사를 보는 눈(이기백)

5-002 베르그송주의(질 들뢰즈/김재인 옮김)

5-003 지식인됨의 괴로움(김병익)

5-004 데리다 읽기(이성원 엮음)

5-005 소수를 위한 변명(복거일)

5-006 아도르노와 현대 사상(김유동)

5-007 민주주의의 이해(강정인)

5-008 국어의 현실과 이상(이기문)

5-009 파르티잔―그 존재와 의미(칼 슈미트/김효전 옮김)